Five Stars

The Communication Secrets to Get from Good to Great

像TED一样演讲 2

沟通升级

[美] 卡迈恩 · 加洛（Carmine Gallo）——著

王晋 ——译

中信出版集团 | 北京

图书在版编目（CIP）数据

像 TED 一样演讲 . 2，沟通升级 /（美）卡迈恩·加洛著；王晋译 . -- 北京：中信出版社，2019.6

书名原文：Five Stars: The Communication Secrets to Get from Good to Great

ISBN 978-7-5217-0354-2

I. ①像… II. ①卡… ②王… III. ①演讲－语言艺术 IV. ① H019

中国版本图书馆 CIP 数据核字（2019）第 064159 号

像 TED 一样演讲 2：沟通升级

著　　者：[美] 卡迈恩·加洛
译　　者：王晋
出版发行：中信出版集团股份有限公司
　　　　　（北京市朝阳区惠新东街甲 4 号富盛大厦 2 座　邮编　100029）
承 印 者：北京市十月印刷有限公司

开　　本：787mm × 1092mm　1/16　　印　　张：16.75　　字　　数：210 千字
版　　次：2019 年 6 月第 1 版　　印　　次：2019 年 6 月第 1 次印刷
京权图字：01–2019–1935　　广告经营许可证：京朝工商广字第 8087 号
书　　号：ISBN 978–7–5217–0354–2
定　　价：52.00 元

献给约瑟芬和莱拉，照亮我世界的闪耀之星

目录 | CONTENTS

第二部分 顶级沟通者

第三部分 打造顶级沟通者的秘诀

| 序言 |

起来!

我不会错失良机。

——林－曼纽尔·米兰达，音乐剧《汉密尔顿》

Alexa，亚历山大·汉密尔顿是谁?

“亚历山大·汉密尔顿是美国政治家、开国元勋之一。”[1]

林－曼纽尔·米兰达，亚历山大·汉密尔顿是谁?

“私生子、孤儿、荡妇和苏格兰人生的孩子，命中注定降生于加勒比海一处被遗忘的地方，家境贫寒，生活凄惨……”

Siri，亚历山大·汉密尔顿是谁?

“亚历山大·汉密尔顿是美国政治家、开国元勋之一。”

林－曼纽尔·米兰达，亚历山大·汉密尔顿是谁?

“印在10美元上的开国之父，遭弃无父。靠着加倍的努力，靠着卓越的天资，靠着自我研习，不断前行……年轻气盛，如饥似渴。”

Alexa 和 Siri 都是云端的个人数字助理，而林 – 曼纽尔 · 米兰达则是我们心中的作曲家。

在人工智能的支持下，Alexa 和 Siri 表现得十分优异。它们瞬间便检索到了上面那个问题的答案。这些数字助理将呼吸化为字节，把语音编码为数字包，识别关键字，并将这些关键字与大量可检索数据进行匹配，从而给出一个准确率极高的答案。而且，它们的答案还是一致的。

Alexa、Siri，还有认知能力更强的沃森，面对询问时比任何人的反应都快。不过，米兰达的工作却不同，他的职责是触动你的心弦。

米兰达以人类前所未有的方式将语言和创意融为一体，就连电脑也无法与之比肩。比如：

- 米兰达在墨西哥度假时去了一家书店，随手拿起了美国独立战争英雄亚历山大 · 汉密尔顿的传记。罗恩 · 切尔诺夫撰写的这部传记作品给了米兰达“很大的震撼”。他想到了一个直接的方式，可以把因写作得以离开圣克洛伊岛的汉密尔顿与通过创作摆脱贫穷的说唱音乐先驱联系起来。
- 米兰达之所以选择用说唱的方式创作名剧《汉密尔顿》，是因为这种语言充满了野性、叛逆和反抗。与其他音乐体裁相比，说唱音乐每个小节所含的词是最多的，所以尤为适合表达汉密尔顿的写作风格。
- 美国的开国元勋都是白人，但米兰达故意让黑人和拉美裔演员来演。《汉密尔顿》讲述的那段美国历史现在的美国人仍在传颂。
- 每个角色都会以独特的嗓音和风格说唱或演唱，以此反映他们各自的性格。乔治 · 华盛顿的声音从容克制，犹如说唱艺术家康芒和创作歌手约翰 · 传奇的结合。汉密尔顿的嗓音模仿的是米兰达最喜欢的拉基米和埃米纳姆，他们都极为擅长多音节押韵的方法。音乐剧开始的时候，拉斐德侯爵很不自信。他出身法国贵族，19 岁时离开本国，参加美国革命。拉斐德刚一登场时的说唱属于 20 世纪 80 年代初的简单风格。随着自信心的增加，拉斐德变成了“说唱之神”，双押三押不在话下。国王乔治三世是不说唱的。他为什么要说唱呢？他可不叛逆。乔治三世登台时，仿佛从另一场音乐剧缓缓走来。他用古老的英国流行唱腔演唱了《你会回来的》。

- 亚历山大·汉密尔顿笔下的段落很长，《汉密尔顿》的第一节，米兰达就写了一个由 37 个单词组成的词意连贯的超长句子。
- 单单创作汉密尔顿的经典曲目《我的良机》，米兰达就用了一年多的时间。米兰达说：“这首曲子是我们了解汉密尔顿头脑的‘罗塞塔石碑’。”为了证明汉密尔顿是剧中最令人生畏的英才，米兰达觉得每个对句、每个小节都必须配得上汉密尔顿的口才。

《汉密尔顿》展现了想象力的飞跃，仿佛置身于创造力的世界。米兰达天赋异禀，他让我们对自己、对我们所在的世界有了不同的感受。在本书中，我将证明我们每个人都有这样的天赋，我们每个人都有打动他人、激发他人、点燃他人想象力的潜力。此外，本书还会让你明白，为什么世界上那些最成功的人会说：拥有这项能力是在竞争激烈的全球经济中取得成功的关键。目前，技术的高速进步正在颠覆每个行业、每家企业、每种职业。掌握古老的说服艺术，将语言和思想结合起来鼓励人们行动起来，说服不再是一种“软”技能。在这个充满创意的时代，它是一个人从优秀到卓越的基本技能。你遇到的学者、神经科学家、经济学家、历史学家、企业家、投资者和领导者都会认同这一点。

沟通力是 21 世纪的货币

本书是在与各界名人交谈的基础上写就的，他们大多把自己的成功归因于卓越的沟通技能。这些人包括谷歌、爱彼迎、麦肯锡等公司的领导，全球最受尊崇的新兴企业的投资者，在 400 多公里以外的太空俯瞰地球的宇航员，在地球上仰望星空、探索太阳系之外的世界的科学家，还包括刚刚毕业正在第一份工作中成长的大学生，比同龄人晋升更快的中级专业人士，辞职以后创办企业或非营利机构的成功人士，其中不乏海豹突击队成员、首席执行官、学者、作家、冒险家、探险者和开拓者。他们出类拔萃，能力非凡。

我在写这本书的时候，曾受邀加入一个美国军官的精英特训班，他们正在沙漠一处偏远的空军基地接受秘密培训。学员都是从排名前 1% 的海、陆、空军官中精心挑选的，他们在此接受培训，学习如何帮助美国避免大规模的冲突。我之前出版的两本书《像 TED 一样演讲：打造世界顶级演讲的 9 个秘诀》和《会讲故事才是好演讲》被指定为培训材料。一位讲师告诉我："这些军官需要分析和撰写材料，并向政治领袖、将军、海军将领和总统汇报他们的发现。在很多情况下，他们只有 10 分钟或更短的时间。他们一般都是最聪明的人，但如果不能迅速而简洁地提出有说服力的论据，那有可能会产生灾难性的后果。"说服这门古老的艺术不是一项软技能，而是基本技能，这句话值得再说一遍。

为什么说它"古老"呢？在过去的 20 年中，因为功能性磁共振成像（fMRI）的出现，研究人员能够实时观察大脑活动。通过研究脑血流，科学家已经发现了有效沟通的秘诀，即某些话语、演讲者和风格引起我们情感共鸣的确切原因。科学家表示，虽然用于沟通的手段不断演变，但我们大脑消化信息的方式却没有变。掌握说服这门艺术和科学，成为一位伟大的沟通者，你就能在现代社会获得成功。

纵观历史，人际交往技巧从未像现在这样重要。在农耕时代，比邻居略微擅长犁地的农民不会获得更多的财富。在工业时代，组装零部件略快的工厂工人也不会比旁人获得更多的财富。如今，世界上任何一个地方的任何一个人，只要稍微擅长表达自己的观点，就有可能实现财富的骤然剧增，这在人类历史上是前所未有的。

在 21 世纪的知识经济中，你的想法代表着你的价值。在全球化、自动化和人工智能的共同作用下，焦虑的浪潮正席卷每个国家的每种职业。能够让别人相信你的想法至关重要，它将是赋予你竞争优势的最重要的一项技能。未来 10 年，你的想法以及成功表达这些想法的能力将比以往任何时候都更重要。

人工智能无法击败的 20%

对于今天的商务人士而言，一般的绩效只能保证低于平均水平的结果。《纽约时报》专栏作家、畅销书作家、全球化专家托马斯·弗里德曼写道："过去，拥有一般技能、做着普通工作的工人可以过上平均水平的生活。但如今，普普通通已远远不够。不管从事什么职业，每个人都需要找到他们的过人之处，找到他们独特的价值贡献，只有这样才能脱颖而出。"[2]

经济学家泰勒·科文表示，"普普通通已远远不够"不仅仅是一句流行语。他认为，面临人工智能和经济全球化不可逆转的趋势，我们应该提出以下这些关键的问题：你是否擅长和智能机器一起工作？你的技能是否可以作为计算机的补充，还是没有你计算机可以做得更好？你是否在糟糕地与计算机竞争？[3] 科文指出："如果你和你的技能可以和计算机互补，那么你的工资和就业前景可能会很明朗。如果你的技能不能作为计算机的补充，那么你就要想办法解决这个不匹配的问题。”那就把这本书作为解决方案吧。

工作的本质正在发生变化，同样，想在历史上最具变革性的时刻脱颖而出、抢占先机、取得卓越成就所需的技能也在发生变化。如果你能说服别人，激励别人，点燃他们的想象力，那么你将无人能挡、不可抵御、无可取代。

安东尼·戈德布卢姆是一位世界知名的专家，他很擅长用大数据解决重大问题。他的公司卡歌网（Kaggle）利用预测模型帮助美国国家航空和宇宙航行局、汽车制造商、保险公司以及药品和医疗设备制造商解决复杂问题。对于卡歌网的科学家来说，没有什么问题他们会拒绝解决。戈德布卢姆被麻省理工学院评为世界 35 大创新者之一。他认为机器学习是人工智能最强大的一个分支，我们工作中可能出现的颠覆大多可以归因于机器学习。作为一门技术，机器学习是指机器通过学习数据，在某些情况下可以模仿人类的行为。卡歌网处于机器学习的最前沿，因此戈德布卢姆对机器能做什么、不能做什么有着独特的见解。

“究其本质，机器十分擅长学习我们之前做过的事情，并且一次又一次地重复。”戈德布卢姆对我说，“但是要想在感情上触动某个人，就必须给他惊喜。机器在解决新问题方面进展甚微，它们无法处理以前没见过的事情。”[4]

卡歌网的数据科学家承担的一个项目说明了机器学习的前景和局限。在休利特基金会联合主办的一次比赛中，科学家受邀开发一款给学生论文评分的软件，效果要和人类评估者一样或更好。这是软件开发的一个重要领域。作为一家慈善机构，休利特基金会致力于为美国公立学校的学生提供要在 21 世纪取得卓越成就所需的技能，其中关键的两项技能是批判性思维和有效沟通。要提高这方面的教学质量，其中一种方法就是把多项选择题改为申论，后者需要更高的思考能力和写作技巧。

不过，由人来给论文评分既耗时又耗钱，这就是休利特基金会要求卡歌网尽最大努力完成自动评分任务的原因。

卡歌网和休利特基金会这次挑战赛的结果令人满意。[5] 获奖的软件评估了 2.2 万份人工打过分的论文。通过分析句子结构、拼写和标点符号，该软件与评分人给出的分数相差无几，特别是对一般水平的论文而言。不过，戈德布卢姆表示，有一个关键点算法做得还不够好，它识别不出高于平均水平的论文，就是那些新颖、不同寻常、具有开创性的论文。事实上，有创意的论文所得的分数会低于它们的真实水平。机器通过处理大量现有的数据进行学习，而我们人类则用我们的想象力提出并传达新的想法，也就是那些以前从未出现过的想法。戈德布卢姆说："我们可以把看似毫不相关的信息联系起来解决问题。这就给机器可以实现自动化的人工任务设定了根本的限制。"[6] 如果计算机可以识别一般水平的东西，就能够复制同等水平的东西，而这一水平不足以在数字时代脱颖而出。

在日本一项和论文有关的实验中，数学家新井纪子建立了一个人工智能系统，在竞争激烈的高考中打败了 80% 的高中生，从而引发了人们的焦虑。这个名为"东大机器人"的人工智能系统的数学和科学成绩排名前 1%，它可以写出优于大多数学生的 600 字论文。尽管取得了这些成果，新井纪子仍然相信，如果人们重新考虑他们必须掌握的技能，就可以在人工智能无处不在的世界里稳步上升。在这项实验中，新井纪子发现人工智能超过了 80% 的学生，因为它可以更快更准确地检索事实，而大多数学生在学校学的就是这些，记住事实并加以重复。但是，东大机器人未能打败那 20% 的高才生，因为这些学生能够创造性地思考问题，并推断出"问题以外"的含义。[7] 换句话说，人工智能的阅读或思考方式与人类不同。东大机器人能够识别关键词，把从现有信息中检索的文本和事实结合起来，从而得出问题的答案。新井纪子表示，如果“知识”意味着牢记和检索事实，那么人工智能可以和人一样，并且会做得更好。她说，赋予人类优势的技能是那些机器人或机器目前无法取代的技能，比如批判性思维、创造力和沟通能力。

机器讲求速度，而人类讲求创意。机器从数据中收集见解，而人类则揭示数据的意义。机器聚焦的是过去，而人类建设的是未来。机器使我们更富有成效，而人类会以极具创意和意想不到的方式改变世界。林－曼纽尔·米兰达并没有因为比计算机更快写出一首歌而获得麦克阿瑟天才奖，却因为点燃并激发了人们的激情而大获成功。

结构性转变已然来临

在当今世界，自动化、大数据、人工智能和机器学习等技术吞噬了无数工作岗位，颠覆了整个行业、企业和职业，此时情感上的共鸣才是重中之重。全世界的人们都对变革的步伐及其对未来就业的影响感到焦虑，这是可以理解的。好的一面是，我们对“机器人大灾难”的恐惧可能被夸大了，至少根据过去 500 年的证据来看是这样的。

每一次技术变革都会摧毁一些就业机会，但同时也创造了比以前更多的新工作岗位。研究创新史的经济学家将研究追溯到 16 世纪的欧洲，他们发现当新产品和服务引发的焦虑程度很高时，新的就业增长也高于预期。在 20 世纪 70 年代，人们普遍认为自动柜员机（ATM）会减少银行分支机构和柜员的数量。如今，银行柜员却要多于 1980 年的时候，但他们的任务已经发生了变化，客户关系管理取代了简单的交易。技术引发的颠覆是真真切切的，许多人都觉得十分可怕。但是在每一次经济转型中，特别是在数字革命中，沟通技能的价值只增不减。

技术的指数级增长让我们的生活变得无比美好。不管用什么指标衡量，现在都是史上最好的时代。然而，前所未有的进步也引发了咨询公司韬睿惠悦所说的全球业务的“结构性转变”，这种转变需要 21 世纪的雇员掌握新的技能。

在一份涵盖 700 多份职业的详细分析报告中，牛津大学的研究人员总结出，因为自动化，我们今天 47% 的工作将会消失。[8] 让我再强调一遍：人类近一半的工作岗位将在未来 10 年逐步消失。这是一个延伸的过程，开始于蓝领工人，即用双手工作的人，他们的工作现在正被机器取代。在不久的将来，自动化可能会取代全球 1.4 亿名知识型员工，“更智能”的认知系统可以更快更有效地完成他们的工作。该研究表明，不同国家和地区，从运输到科技，从医疗到零售，从法律到金融，几乎所有领域都面临着相同的风险。

硅谷智库奇点大学人工智能和机器人系的系主任尼尔·雅各布斯坦说：“我觉得机器学习取代日常工作的速度会出乎人们的意料。我们谈论的这个转变将在未来 10 到 15 年发生，而且真的是一个重大转变。”[9]

虽然我们很难准确预测哪些工作在什么时候会因为自动化而消失，但我们可以预测人类希望哪些角色由其他人来担任。懂得交谈并擅长交谈的人将收获奖励，能够激励别人、激发他人想象力的人将会处于有利地位。“机器可以学会读懂人类的情感，但它们却不具备人类的情感。这是一个非常重要的区别。”雅各布斯坦说。[10]

硬数据显示“软技能”的需求量很大。在一项针对 400 名人事专员的研究中，94% 的人表示，与工作经验更为丰富但语言能力较弱的员工相比，具有较强沟通能力的员工更有机会晋升为领导。

不同行业的公司领导都表示，很难找到既能清晰准确地沟通，又能激励和吸引同事和客户的求职人员。据《华尔街日报》报道：“这些特征可以把杰出的员工和勉强过得去的员工区分开来。”[11]“虽然这些技能一直以来都很吸引雇主的注意力，但经过数十年的经济发展，它们现在已经变得尤为重要。公司的很多日常工作已经实现自动化或是被外包出去，剩下的工作往往要求员工承担更广泛的责任，他们要有批判性思维、同理心或计算机无法轻易模仿的其他能力……沟通这样更基本的技能似乎才是最重要的。”[12]

Burning Glass 是一家致力于把求职者与岗位连接起来的软件公司。它的一项研究显示，雇主们正面临着一个真正的技能缺口。该研究梳理了社交媒体上发布的数百万个职位，结果发现，大多数技术岗位（信息技术、医疗保健、工程、金融）高度重视写作和沟通能力，“重视程度远远超过了你能想到的对标准职位的要求”。然而，这项调查也发现，具有这些技能的人——研究人员称之为“人员因素”，“异常难找”。[13]

一项又一项的调查和研究都得出了类似的结论。然而，合益集团的一项研究发现，“糟糕的沟通技能阻碍了职场中的千禧一代”。合益集团的这项研究涵盖美国、印度和中国的 450 名人力资源主管，结论是 80% 的人事专员很难找到技术娴熟、沟通能力强的毕业生和初级员工。“社交能力和情商对未来的商业成功至关重要，但今天的毕业生可能并不具备。”[14] 此外，92% 的人力资源总监认为，随着全球化的加速和组织结构的变化，情感交流和社交技能变得越来越重要，因此他们得出结论，具有沟通能力的毕业生“无比珍贵”。绝大多数受访者表示，不能快速培养情感和社交技能的毕业生永远不会有出色的表现，也无法承担更复杂的任务。沟通技能的差距是真实存在的，但缩小这一差距的能力也是存在的。

数据专家安东尼·戈德布卢姆说：“如果你能够传达你的想法，引起别人的注意，那么你不会很快被替代。”[15] 亿万富翁沃伦·巴菲特说：“不同寻常的人会脱颖而出，并不是因为他们有 200 的智商或是别的。如果公开演讲时能收放自如，你就会脱颖而出，结果会远远超出你的预期。这是一项资产，将会持续五六十年。如果你不喜欢公开演讲，它就会是一种负债。”[16]

巴菲特在职业生涯早期非常害怕在公共场合讲话，他报名参加了一个公开演讲课程，第一次尝试却以退课告终，因为他太害怕以致说不出话来。巴菲特鼓起勇气又试了一次，这次完成了课程。如今巴菲特在办公室里没有摆放他的大学文凭或商业奖项，却自豪地摆放着他的公开演讲证书。

巴菲特在哥伦比亚大学给商学院的学生做讲座时说：“我现在出 10 万美元换取你们 10% 的未来收入，如果谁有兴趣，课后可以来找我。现在，只消学习沟通技能，即公开演讲，你就可以把自己的价值提高 50%。如果你愿意学习，课后可以来找我，我会支付你 15 万美元。”[17] 巴菲特在这里强调，掌握公开演讲这门艺术是我们今天可以培养的提升未来职业生涯的最重要的技能。

对于创业者、小企业主、首席执行官和经理来讲，他们的想法代表他们的价值。由于自动化取代了过去很多的手工工作，因此我们的想法比以往任何时候都更重要。如果你无法说服别人支持这些想法，如果你不能激励他人，不能鼓舞他人，不能让别人感兴趣，那么你永远无法实现自己的理想。弥补技能差距，你的思想将在市场中大放异彩。

好消息是，通过说服力脱颖而出需要引起听众的共鸣，这是人工智能无法取代的一项技能。机器无心，讲故事的人有心。

像 TED 一样演讲 2：沟通升级

纵观本书，我用“顶级”这个词来形容独特的领导者、创业者、商务人士以及品牌，这些人和品牌锋芒毕露，在各自的领域占山为王。有些时候，他们经营的公司确实获得了五星评价。在顶级品牌的背后，你会看到酒店、医疗保健和许多其他行业的首席执行官、高管和创业者。此外，“顶级”在这里还是个比喻。比如，你会看到有些在某一领域担任最高职位的商业人士，他们开始时拥有一般或较好的沟通能力，后来变成了伟大的沟通者。正是因为能够让别人支持自己的想法，他们才得以脱颖而出。在本书中，你会看到一些星级销售人员，他们曾居于行业中流，后来一跃成为顶尖人才。你会看到一些员工，他们超越同事，不断得到晋升。你会看到一些经理人，在竞争异常激烈的行业升至排名前 1% 的位置。你还会看到彻底重新构思并设计业务类别的首席执行官、领导排名前 0.5% 的创业公司的企业家（你可以直接聆听那些给世界上最受尊敬的公司投钱的人说了些什么）。你还会看到 TED 演讲者、科学家、专家和亿万富翁，他们把自己的快速职业晋升归功于沟通技能。最重要的是，你将学习到他们推销自己想法的具体技巧。

本书分为三个部分。

第一部分：为什么伟大的沟通者不可取代

第一部分共有 4 章，我们将探讨思想如何构建了现代世界。你将听到顶尖的科学家、经济学家、历史学家和商业领袖的观点，他们相信在思想时代具有说服力的沟通技能将是未来 10 年让你脱颖而出的最佳技能。

我们还会谈到一位有智慧的古人。2 300 多年前，古希腊哲学家亚里士多德认为，人类是懂语言的动物，“修辞”（说服）是一门艺术和科学。值得注意的是，如今大多数有关说服和大脑的研究都再次证明了亚里士多德最初的论点。在第一部分，你将明白为什么今天亚里士多德的沟通方法仍和几千年前一样有效。

第二部分：顶级沟通者

第二部分共有 5 章，分为几类。每个类别都有各自的顶级沟通者和品牌。其中的杰出人物包括科学家、创业者、专业人士、领导者和 TED 明星，他们都通过动情的沟通激励着观众。这些人和品牌的故事，都会是你想听的。慢慢地你会识别出公司或社区拥有顶级表现的人。他们是那些值得尊重、能够激发团队合作、把目光吸引到他们的想法和项目上的人，他们也是那些能够让成功结果循环起来的人。他们说服别人支持他们的想法，这有助于他们进行创造性革新，进一步实现组织的目标，还有助于吸引资源、资金和支持，提升组织的地位和声誉。如此循环，周而复始。

第三部分：打造顶级沟通者的秘诀

在第三部分，你将学习可操作的具体方法，学习如何锻炼我们人类独有的这项技能。有了这一技能，你的职业或者说你在自己所选定的领域将会快速上升，你将走得更远。大多数阅读本书的人可能具有平均或高于平均水平的沟通技能。但如今，普普通通已远远不够，略高于平均水平的技能也不够。大多数人都心甘情愿地过着平凡的生活，平凡的生活是舒适的、令人满意的。不过，第三部分针对的是行动者、实干家，他们是探险家和冒险者。这部分是为那些想要推动自己事业和世界前进的人而写的。他们不满足于驻足观看，他们想要成为领路人。如果你的目标是获得五颗星，那么这一部分内容将帮助你实现这个目标。

请记住，在 21 世纪的知识经济中，没有机器、软件或机器人可以复制你的思想。但是，如果你不能说服别人认同你的想法，那么你的想法就无关紧要了。

正如沃顿商学院心理学教授亚当·格兰特所说，“原创性”需要支持一系列违背常理的新奇想法。原创的东西都会遇到一个共同的障碍：人类要保持现状的偏见。“当你提出一个新颖的想法或者需要改变的建议时，听的人可能会持怀疑态度。”[18]如果你无法说服人们相信你的愿景，这将对你的职业、公司、行业或世界造成破坏性后果，它们可能永远不会从你的想法中受益。要想掌控未来，酝酿原创性的想法并将其有效地传递出去，是你现在所能锻炼的最佳技能。

在这个充满不确定性的世界里，最重要的事情就是不要忘记我们是谁。3 000 多年前，波利尼西亚的冒险家离开居住的岛屿，乘着有舷外支架的独木舟漂洋过海，不远万里到达现在的斐济、夏威夷、新西兰和南太平洋的数百个岛屿，并在这些地方繁衍生息。值得注意的是，他们没有地图、指南针或全球定位系统，而是用星星记录自己的位置。“寻路”的关键在于记住起点。只有知道自己来自哪里，才能知道自己要走向何方。

为什么这些人冒着生命危险离开故土跋山涉水？今天 5 小时的飞行距离，如果换成小独木舟，需要在海上航行 30 天。当然，这些出走者肯定有个令人信服的理由。饥荒？战争？人口过剩？历史学家认为最强大的动力可能是冒险精神。我们是天生的探险家，想要发现新事物的欲望根植于我们的遗传基因中，它永远都不会离开我们。

从某种意义上说，我们都是领航员，在一个变化速度比历史上任何时候都快的新世界寻找自己的路。技术创新不仅改善了我们生活的方方面面，还打乱了所有的行业。但是，如果我们能够密切注视星星的位置，同时记住我们来自哪里——这些是我们之所以成为人类的特质，那么我们很可能会踏上伟大的冒险之旅，同时带上其他人。

本书是为那些相信自己的想法很重要的人而写的，是为那些想要在思想时代获得竞争优势的人而写的，不管他们是男还是女，是学生还是老师，是创业者还是经理、领导者。没有哪台计算机会取代你，也没有哪个竞争对手会超过你。掌握说服的艺术，你将无可替代。有了这项技能，你将有更大的可能找到梦想的工作，成就事业、创办公司、传播思想、建立团队、为顽固问题提出创新的解决方案。你会触动别人的内心，你会不断成长并大胆引领他人走向未来，你会将潜力发挥到极致并成就伟大的事业。

第一部分

为什么伟大的沟通者不可取代

❶

诗歌、力量、登月计划

我们具有让这个世界重新来过的力量。

——托马斯·潘恩

亚历山大·汉密尔顿身材瘦小，但胸怀大志。

他登上讲台演讲时 19 岁，但看着要比实际年龄更小一些。台下的农民和商人大多对他持怀疑和蔑视的态度。听众的分歧很大，亚历山大·汉密尔顿需要结合激情和技巧来阐明自己的论点。那天有 1/3 的听众同意他的观点，而剩下的人或强烈反对，或持中立态度。亚历山大·汉密尔顿起初结结巴巴，但随着信心的增加，他变得口若悬河。他是一位热爱诗歌的书迷。众所周知，他极具语言天赋，这帮他摆脱了卑微的出身，进入当时的领袖行列。那一天，他的说服力改变了多半满怀敌意的听众。

亚历山大·汉密尔顿的演讲发表于 1774 年 7 月 6 日。他暂停了大学学业，为抵制英货据理力争。“当他的演讲结束时，人群默默无声，目不转睛地看着这个引人注目的年轻演说家，随后爆发出持续不断的欢呼声。”[1] 240 年后，林–曼纽尔·米兰达使汉密尔顿的精神得以复活。历史学家罗恩·切尔诺夫说，汉密尔顿“凭借话语的力量和热情引起了人们的注意。没有人对美国未来的蓝图描绘得如此清晰，没有人如此有先见之明”。[2] 汉密尔顿的天赋就是将话语和思想结合起来，激发人们的想象力。

亚历山大·汉密尔顿、托马斯·杰斐逊、托马斯·潘恩、塞缪尔·亚当斯以及美国独立战争时期其他有天赋的作家和演说家，都受到了启蒙运动时期的诗人和哲学家的影响。弗朗西斯·培根、艾萨克·牛顿和约翰·洛克这三个人教会了美国开国元勋用激进的反叛言论包装自己的思想。这样一来，他们释放了大量的自由想法，这些思想相互促进，开创了有史以来最伟大的进步时期。

1835 年，法国社会学家亚历西斯·德·托克维尔说：“每个美国人都强烈渴望站起来。”其中一个年轻人家境贫寒，出生在小木屋里，他就是亚伯拉罕·林肯。林肯研究了开国元勋们的讲话，后来在葛底斯堡演说中加以援引，这一演讲重塑了美国。历史学家多丽丝·卡恩斯·古德温表示，林肯天生就会讲故事，他带着极具感染性的情感阐述了自己对自由社会的看法。凭借沟通技能，林肯从一位自称“草原律师”的人变成了美国历史上最伟大的总统之一。塑造了美国的那些思想并不是自己传播开来的。

现代世界建立在思想的基础上，构建未来世界也离不开思想的力量。但是没有口才，想法只会被置若罔闻。在诗人、作家、演说家和领袖点燃了自由之火的 185 年后，同样出生于波士顿的一个人点燃了冒险的精神。罗伯特·弗罗斯特写道，约翰·F. 肯尼迪的当选预示了“诗歌和权力的黄金时代”。弗罗斯特是对的。在激励美国建立月球计划的演讲中，肯尼迪将他的想法化为语言，推动了人类历史上最伟大的成就之一。最近，有学者发现了他最有效的几个修辞技巧。

肯尼迪如何用演讲推动了登月计划

查利·马尔斯每天早上迫不及待地起床，赶回工作岗位。他毕业于范德堡大学，获得了电气工程学士学位。5 年后，开始在美国国家航空航天局担任项目工程师。虽然马尔斯从未踏上月球、乘坐火箭，或是享受盛大的欢迎会，但是多年后当他谈起当时的经历时，自豪之情就和经历过这三件事的人一样。马尔斯回忆说："我们拥有共同的目标，我们要去月球，我们要把一个人送上月球！这个目标激发了我们的想象力和我们的情感。"[3]

沃顿商学院管理学教授安德鲁·卡顿在研读 1.8 万页的文件、文字稿和美国国家航空航天局有关阿波罗计划的内部备忘录时，偶然发现了马尔斯的叙述。作为美国一项雄心勃勃的计划，阿波罗计划始于 1961 年，旨在实现人类登月的梦想。卡顿发现马尔斯以及美国国家航空航天局各个职能部门的人员写下的文字中，包括会计、行政人员、文书和工程师，都有一个共同点。他们都受到一个人的深刻启发，这个人就是约翰·F. 肯尼迪。

1969 年 6 月 20 日，尼尔·阿姆斯特朗迈出了人类的一大步，这同时代表着一个过程的最后一步。这一过程始于一位有着大胆创意的领袖，他点燃了 40 万人的想象力，告诉他们可以将之变为现实。卡顿找到了肯尼迪成功沟通的语言公式，并解释了他的演讲技巧如何引发了大规模的行动。

第一，"肯尼迪将美国国家航空航天局的目标减少为一个"。[4] 美国国家航空航天局 1958 年成立时，有多个目标，其中包括开发卓越的太空技术、成为太空强国、推动科学发展。肯尼迪专注于一个目标，即将人类送上月球并使其安全回到地球。将所有人团结在一个目标周围，比分散他们的注意力要容易。

第二，“肯尼迪将注意力从美国国家航空航天局的最终愿望转移到一个具体的目标上”。换句话说，肯尼迪把抽象的目标（通过探索太阳系推动科学进步）具体化。1961 年 5 月 25 日，肯尼迪告诉美国国会：“在这个 10 年结束之前，我们国家应该致力于实现这个目标，把一个人送上月球并让他安全地回到地球。”肯尼迪阐明了一个具体的目标，并明确了具体的截止日期。

第三，“肯尼迪传达了重要事件，将员工的日常工作与具体的目标联系起来”。肯尼迪列出了三个计划和三个目标：水星计划将宇航员送入轨道；双子座计划让美国国家航空航天局明白如何实现太空行走、如何将两个航天器连接在一起。阿波罗计划最终会把一个人送上月球。后面你会看到，“三法则”是一个强大的沟通技能，能力超强的说服者会用它来动员听众。

第四，“肯尼迪使用隐喻、类比和独特的修辞方法强调了目标的宏大”。肯尼迪用了一种很少使用的技巧，语言学家称其为“概念具体化”。这种方法将一个具体事件（登陆月球）与抽象的愿望（推进科学进步）连在一起。抽象和具体合为一体。例如，1962 年在莱斯大学的一次演讲中，肯尼迪说：“太空就在那儿，而我们即将在那里探索，月球和其他行星在那儿，获得知识与和平的新希望也在那儿。”肯尼迪给了知识、和平和探索等抽象的理想一个确切的位置。

事实证明，这四个技巧具有无法抗拒的说服力。肯尼迪的“软”技能成就了一项人类历史上的伟大成就。他的话让美国国家航空航天局的员工把自己的工作和最终目标紧密地联系在一起。他们不再将工作视为一系列孤立的任务，比如拖地板或建电路。相反，他们认为自己的工作十分重要，有助于把人送上月球，推进科学进步，改变我们所知道的世界。卡顿说：“通过这种方式，肯尼迪改变了工作的意义，让美国国家航空航天局的员工在工作中实现更大的意义。”

在 20 世纪 60 年代早期，比起那些相信 60 年代末可以登上月球的人，持怀疑态度的人更多。肯尼迪不仅仅用事实来说服人们，还让他们从内心有所感受。他把亚里士多德所说的情感和理性结合起来。肯尼迪的话语实现了情感的超越，使人们相信不可能可以变为可能。他将怀疑的人变为相信的人，将相信的人变为传播者。

比尔·盖茨说："我们要记住是什么成就了登月计划。登月这项挑战需要一个可衡量的清晰目标，能够激发国人的想象力，从根本上改变我们对'可能'的看法……这样做时，我们为更加安全、健康和强大的未来绘制了一条路线。"[5]

故事不要复杂，浓缩为一句话最有力量

有一个 16 岁的以色列男孩，他读了肯尼迪 1962 年在莱斯大学所做的有关登月的演讲。7 年后，这个男孩 20 多岁了，他和无数的电视观众一起见证了尼尔·阿姆斯特朗踏上了月球表面。肯尼迪的大胆愿景给这个男孩留下了深刻的印象，激励他在物理科学领域满怀激情地不断探索。他就是伊莱·哈拉里。

肯尼迪的愿景实现一个月后，哈拉里来到普林斯顿大学开始攻读航空航天和材料科学的博士学位，这将引领他在科技领域开启职业生涯。哈拉里后来创立了闪迪公司（SanDisk），研发出存储数码照片的技术，苹果平板电脑、数字音乐播放器、智能手机、电脑、笔记本电脑以及发送或检索文件的云端都用到了闪迪公司的闪存产品。

1988 年哈拉里创立闪迪公司时，手机还像砖块那么大。数码相机既笨重又昂贵。哈拉里说，笔记本电脑处于起步阶段，"就像个一岁大的孩子一样方便携带，而且很合作"。数字音乐播放器、万维网、手机

应用和云服务都是将来的事。因此，当哈拉里建立闪迪公司时，潜在的投资者告诉他，他找到的解决方案针对的是一个不存在的问题。哈拉里心目中的英雄是约翰·F. 肯尼迪。他意识到，他不得不像肯尼迪一样说服怀疑者。他的愿景和听众认为可能的事之间有一道鸿沟，他必须将之弥合。

我第一次见哈拉里是在 2008 年，当时，闪迪公司正面临一场生死攸关的危机。全球金融危机引发了自 20 世纪 30 年代以来最严重的经济衰退。随着市场对闪存消费产品的需求急剧下降，行业面临着严重的供过于求的局面。闪存消费产品价格下跌，闪迪公司的股票也在急剧下滑，一年内暴跌 90%。

2008 年 8 月，闪迪公司的竞争对手三星公司主动出价，欲以 50% 的溢价即 100 亿美元将其收购。拥有闪迪公司大量股票的共同基金经理施压哈拉里同意这笔交易。但哈拉里认为，这不符合公司股东、合作伙伴和客户的最佳利益。当他拒绝了每股 26 美元的出价时，一位颇受欢迎的电视名人把哈拉里的照片贴在了“羞耻墙”上。[6] 哈拉里当时告诉我说：“他们不了解我们的故事。”于是，我们一起创造了一个故事，清楚地解释了哈拉里的愿景和为独立而战的长期价值。哈拉里的故事聚焦于整个团队的经历，他们曾一起度过了经济衰退期，还聚焦于他们精湛的技术、公司的独有专利及其在经济繁荣时积累的 25 亿美元现金。

尽管闪迪公司的股价急剧下跌至每股 6 美元，但我从未见过哈拉里有任何惊慌的表现。他说，乐观是危机时期的有力武器。哈拉里还明白一个简单故事的力量。我参加过他们的一次重要会议，会上高管和工程师正准备一次重要的汇报，对象是财务分析师。虽然他们有很多细节需要汇报，但我建议他们想一个特定的中心主题，就像约翰·F. 肯尼迪所做的那样。会议室里的很多人都推托说不行，他们认为他们的故事太复杂了，不能浓缩为一句话。然而，哈拉里开口说道：“没有人知道闪存已经到达拐点，它的存储能力将超出批评者的想象。”我建议他们用这句话作为报告的战斗口号。那次财务分析师会议之后发布的第一篇金融文章题为《闪存的空间将超出你的想象》。

7 年之后，也就是 2015 年 10 月 21 日，西部数据公司提出要收购闪迪公司。这一次，闪迪公司接受了。价格呢？每股超过 86.50 美元，超过了原来三星公司出价的三倍。闪迪公司以 190 亿美元的高价被收购。伊莱·哈拉里是技术领域一位特立独行的人，也是一位有想法的领导者，这些想法在别人看来也许有些叛逆或颇具颠覆性。特立独行的人往往会远离大多数人，这就是希望取得巨大的成就，就必须具有说服力的原因。

让我们再回到美国独立战争时期。美国的故事就是有关说服的故事。1776 年 1 月，托马斯·潘恩出版了一本名为《常识》的小册子，说服殖民地居民为美国独立而战。潘恩颇具天赋，能够把复杂的政治论据简单化，让当时的普通读者（农民、商人和工匠）都能读懂。

因为许多殖民地居民不识字，所以他们会在街角和大厅听别人大声朗读这本小册子。乔治·华盛顿甚至把这本小册子读给他的战士听，以提升他们的士气。潘恩深知这一点，他把听众当成写作对象，让自己的论点容易理解、令人兴奋。《常识》采用了伟大的说服者常用的技巧，可以读出激动人心的节奏。其中包括：

> 对比（把两个对立的想法并列起来）：“社会在各种情况下都是受人欢迎的，可是政府呢，即使在最好的情况下，也不过是一个免不了的祸害。”
>
> 首语重复（在相连的句子或从句中重复相同的一个词或多个词）：“这不是一城、一州、一省或一个王国的事，而是一个大陆的事。这不是……”

头韵（在两个或多个单词中重复相似的字母读音）："由于问题从争论转向武力，一个政治的新纪元开始了，一种新的思维方法诞生了。"①

排比（一句话的不同部分采用类似的表达方式，目的是表明这些想法同样重要，为演讲增添平衡性和节奏）："我只提供简单的事实、明显的论据和常识。"

潘恩把他的论点建立在一个宏伟的目标上："从很大程度上来说，美洲的事业是全人类的事业。"因此他的作品从简单的散文升级为自由的号角。潘恩掌握的说服原则将助力引发革命，并在未来的日子激发世界各地的独立运动。当潘恩写出"太阳的光芒从未照耀过比这更有价值的事业"，它改变了人们对"可能"的看法。这是人类历史上第一次国王和君主以外的人开始认为他们可以自己管理自己，可以抵抗更强大、更富裕的军队而获得自由。同样，肯尼迪用言辞说服人们去做他们从未想象过的事。在肯尼迪的启发下，哈拉里也创建了自己的"登月计划"，并在自己的独立性受到威胁时坚守阵地。

我们今天所在的世界不是一砖一瓦建造的，而是建立在一个个创意的基础上。在下一章，你将了解为什么这些创意创造了有史以来最繁荣的时期，为什么说有说服力地把想法传达给别人这种能力比以往任何时候都更有价值。

约翰·F. 肯尼迪曾说过："人有生死，国有兴衰，而思想永存。"你的思想应该留存下去，让我们确保可以实现这一点吧。

---

① 原文：By referring the matter from argument to arms, a new area for politics is struck; a new method of thinking hath arisen。其中"argument""arms""area""arisen"押头韵"ar"。——译者注

❷

好思想需要好的表达

从来没有任何一个时代像现在这样，更多的人可以同时创造历史、记录历史、宣传历史、充实历史。

——美国作家多夫·西德曼

冷扑大师（Libratus）没有用眼罩遮上眼睛，它也不观察对手的肢体语言去寻找线索。不过，它可打得一手好牌。

冷扑大师是内置了强大算法编程的计算机，2017 年年初在一场为期 20 天的比赛中打败了四位职业扑克玩家。这一消息引发了一系列反乌托邦的头条新闻。一家报纸宣称，这件事象征着“人类的惨败、人工智能的重要里程碑”。这一说法有正确的地方，但从根本上说是夸大其词了。人工智能程序确实赢了扑克比赛，这是机器在这一领域的首次胜利。但是，它的胜利并不意味着人类的惨败。要知道，计算机有一个不公平的优势，那就是人类的帮助。

玩了 12 万盘无限注得州扑克后，事实证明冷扑大师比人类玩家预期的更为强大。无限注得州扑克是一种比较复杂的扑克玩法。冷扑大师依赖的是一种被称为“强化学习”的人工智能，它通过大量的反复实验得出某个特定结果的概率，以此做出战略决策。为了和人类扑克玩家一样聪明，冷扑大师不得不被训练数月，和自己玩几万亿盘扑克，随机尝试不同的策略，以找出在某种情况下哪些策略有效，哪些没有。不过，这还不够。因为职业玩家在和计算机比赛时会发现计算机的模式并加以利用，所以每晚结束时，程序背后的计算机科学家必须构建另一种识别这些模式并将其删除的算法。这其中的优势还在于人。

诺姆·布朗是美国卡内基梅隆大学的一位研究员，他参与设计了冷扑大师。布朗表示，冷扑大师无法“读懂”其他玩家的肢体语言，无法以此判断他们是否在虚张声势。机器没有直觉、感觉或情感，但在执行某些任务，比如扫描卡片、计算某一结果的概率时，它表现得十分出色。人工智能冷扑大师与一台巨大的超级计算机相连，它的运行速度比标准台式计算机快 3 万倍，耗资近 1 000 万美元。没错，冷扑大师在计算数学概率方面非常快，但它没有同理心，因此有其局限性。布朗说：“近期内不会出现能够撰写获奖小说的计算机。”[1]

冷扑大师是个强大的对手，却也有一个严重的局限。因为没有同理心，它无法理解人们的感受。它可以击败一位扑克冠军，但它永远不会成为顶级的领导者或是建立一个顶级的品牌。冷扑大师永远不会在思想之战中获胜，因为它没有原创的想法，也无法传播它的想法。不过，一个掌握了说服艺术的人类扑克玩家却有张备用的王牌，那就是算法无法复制的技能。

让我们先认识一下来自得克萨斯州的哈西卜·库雷希。他曾是扑克冠军，16 岁开始纸牌游戏生涯。第一年，他把 50 美元变成了 10 万美元。两年后他成了百万富翁。到 19 岁时，库雷希已经成为世界公认的最棒的无限注得州扑克玩家之一。但是，扑克对库雷希来说失去了意义。他觉得孤独，并不快乐。所以他放弃了扑克，在旧金山开启了新的生活。

2015 年，库雷希参加了一个为期三个月的硅谷精英软件编码训练营。他学得很快，头两个月过后，他就开始教其中一门课程了。库雷希每周花 80 个小时学习、编码以及教课。然而，他在就业市场上的价值仍然是不确定的。他的背景比较奇特，很难与某个职业描述相符。他当时 26 岁了，还得和 10 岁就开始编码、现年 20 岁出头的人竞争。从简历上看，他也不占优势：英语学位，做过一段时间的职业扑克玩家，不到一年的编码经验。让冷扑大师来算，他的成功概率很小。

当然，库雷希的简历未能脱颖而出。他最初发了 20 份简历，也被拒绝了 20 次。他的简历还不如同龄人给人的印象深刻。他开始怀疑自己，他心里想：没人要我吗？最后经人介绍，库雷希开始收到面试通知。第一家公司的面试失败了，但库雷希并没有把拒绝看作失败，而是将其看作提高面试技巧的机会。如果他能在一年内学会编码，那么也能学会如何提高自己的沟通技能。功夫不负有心人，点评网站 Yelp 公司是第一家愿意聘用他的公司，年薪为 10.5 万美元。多米诺效应开始了，另外两家公司给出的薪酬是 11.5 万美元。后来，他梦想中的谷歌公司也向他发出了邀请，他通过了谷歌的面试，年薪为 16.2 万美元。优步和在线支付服务商 Stripe 公司也发出了类似的邀请。在硅谷，如果大家谈论哪个公司要进新人，很快就会满城风雨。爱彼迎听说有位工程师面试特别出彩，就打电话给他，最终出价 22 万美元。谷歌随即抬高了薪酬。库雷希决定接受爱彼迎最后 25 万美元的薪酬包，包括工资、签约奖金和上市前的股权激励。

那么，这个简历如此不起眼的人是如何成为硅谷各大公司争夺的对象的？归根结底在于面试。

库雷希说："面试是一项技能，但并非什么特别神秘的技能。第一个问题无外乎就是'介绍一下你自己'。你的答案会强烈影响面试官对你的看法。"[2]

库雷希说，如果你不了解软件工程的基本知识，不可能单靠魅力通过面试。但是，如果精心讲一个引人入胜的故事，你就可能从竞争者中脱颖而出，即使面试技术含量比较高的工作也是如此。“把自己想象成故事中的一个角色，有开头、中间和结尾，还应该有转折点、人物和易于理解的动机。故事尽可能短一些，同时要保证故事的趣味性，让你看起来是个有趣的人。如果他们问：‘你是否碰到过具有挑战性的问题？你是如何解决的？’那就讲个故事给他们听。”库雷希一遍又一遍地练习他要讲的故事。他会把故事录下来，向朋友们征求意见。他仿照《英雄之旅》——这一点我们随后细说，围绕一个角色（他自己）来讲述经历，这个角色面临一个技术问题，利用挑战来提升自己。库雷希努力提高自己的面试技能，直到这一技能好到用他的话说，“面试官不能忽视我”。

说服力是软件工程师的一项关键技能，因为他们做的不仅仅是解决技术问题。库雷希说，成功的工程师就像“社会交响乐团的指挥”。开发应用程序时，每位软件工程师负责的部分会略有不同，但他们高度依赖于同事。指挥让每个人保持和谐并成为一个整体。能够很好地完成任务的工程师可能会有一个很好的职业生涯，但能够让其他人保持在正轨上的工程师将会脱颖而出，成为领导者。“在求职面试中，如果你只表现出可以解决技术问题，但没有沟通技能，那么你和那些具有良好沟通技能和良好专业技能的人就差得远了。沟通的关键在于同理心。如果你能在求职面试中建立关系，那么你就更有可能得到你想要的东西，并改变你的角色。”库雷希说，“即使在软件工程领域，具有出色的沟通能力和演讲技巧的人通常也会胜过那些技术最强的人。”

库雷希承认，他曾和那些资历更好、经验更丰富的编码专家竞争过。但是，给库雷希发出工作邀请的公司——很多都是硅谷最成功和最赚钱的公司，寻找的是未来能够晋升为领导层的员工。伟大的领导者要有伟大的想法以及有效沟通这些想法的能力。

除了巨大的成功之外，争相为库雷希这样的人支付高额薪水的公司都处于人工智能、机器学习、云计算和大数据的前沿——这些新技术可能会使数百万人失去工作。然而，这些公司都向库雷希发出了邀请。它们之所以这样做，是因为思想推动着世界前进，它们需要有想法的人。但是，仅有想法是不够的，能够让别人相信这些想法才是赋予一个人竞争优势的最佳技能。

要晋升必须沟通能力强

萨姆正处于职业生涯的中期，他所在的公司催生了“硅谷”这个词。他就职于英特尔，这是一家为世界上许多计算机、服务器和设备提供动力的传奇公司。萨姆的工作推进了摩尔定律，摩尔定律是 1965 年被提出的一个著名定律，它预测计算能力每 18 个月就会翻一番。萨姆可能没有意识到，他在计算能力方面取得的每一项进步都在降低自己在工作场所的价值。

我曾多次造访加利福尼亚州圣克拉拉的英特尔全球总部。有一次，一位副总裁在走廊里停下来，透过玻璃窗指着正在参会的萨姆。

“看到那个人了吗？他是里面最聪明的人。他本应该当上部门主管，但多年来他一直待在原来的位置上。”

“什么原因呢？”我问。

“他沟通能力很差，要花特别长的时间才能说到点子上。他说话既不够清晰也不吸引人，他的话不能振奋人心。”

“你刚才说他很聪明，你为什么不希望他担任领导职位呢？”

“如今，如果没有因为受到你的鼓舞而愿意追随你的人，你就无法当领导。”10 年来，我一直站在技术革命的最前沿，作为英特尔的媒体培训和沟通技能顾问，我直接与公司高管合作。像萨姆这样的人并不一定知道阻碍他们晋升的是不能有效沟通。不过，即使许多人知道了原因，也并不在乎。他们的工作就是开发，而销售是别人的工作。他们认为优秀的沟通者重形式过于内容。不幸的是，他们本有机会脱颖而出，但自负成了他们的绊脚石。

正是在英特尔和硅谷其他著名公司工作的时候，我开始注意到专业人士认为他们为公司带来的价值和高管所期望的技能之间存在着差距，用“鸿沟”一词可能更确切。曾经认为有资历和经验就够了的首席执行官、工程师、专业人士和经理突然发现自己需要谈论品牌和产品。大批竞争对手不断涌现，它们开始争夺消费者和公司的顶尖人才。高管、经理和工程师的角色发生了转变，公司希望他们做到条理清晰，能够激发他人。表达能力的高低开始影响他们在公司和行业内的价值。

对于经营公司的人来说，这些技能尤为重要。一项为期 10 年的研究调查了大约 4 400 名首席执行官。[3] 那些经常在媒体或商业节目中出现的人，或是报纸文章多次提到的人，薪酬会大幅增加。他们的公开露面可能使薪酬实现高达 21 万美元的增幅。这一相关性对小公司的首席执行官来说更高，他们从知名度提升中获得的益处更多。目前，清楚阐述公司的战略并在公开场合做到这一点的能力正受到高度重视，它能带来高额的薪酬。

在《只有偏执狂才能生存》一书中，英特尔的首席执行官安迪·格罗夫发明了“战略性转折点”一词。这位传奇人物曾指导过史蒂夫·乔布斯、拉里·埃里森和马克·扎克伯格。战略性转折点表明企业或职业的根基即将发生改变。这种变化或带来上升的机会，或“标志着结束的开始”。格罗夫表示，这些转折点“暗中积聚能量，你可能很难看到具体发生了什么变化，但你却知道变化已然发生。如果置之不理，可能会产生致命的后果”。[4]

格罗夫是1996年写下这些话的，但它同样适用于今天的职场。他预测，技术将会带来快速的变化，将对每个人、每个行业和每个国家产生影响。

格罗夫说，你的职业就是你的事业，你就是它的首席执行官。他说，自满会导致失败。作为自己职业生涯的首席执行官，你必须不断提高自己的技能，尤其是沟通的技能。

格罗夫出生于匈牙利的布达佩斯，在纳粹占领期间幸存下来。格罗夫移民到美国时，一句英语都不会说。不过，他意识到极具说服力这份天赋会帮助他应对自己职业生涯中的转折点。大家都知道，作为领导，格罗夫要求下属必须做到表达清晰、简洁和引人注目。格罗夫认为，作为首席执行官，在巨大变革时期能够为公司提供清晰的愿景至关重要。他说，变化和新的方向可能会让员工感到困惑、沮丧、士气低落，“或者说只是疲惫不堪”。他认为，领导者的首要任务就是在心里对公司或部门的前景有个清晰的图像。除此之外，他必须能够清晰地把这一愿景传达下去。

距离英特尔短短10分钟车程的地方，坐落着宏大的思科系统公司园区。这家网络巨头横跨三个城市，拥有7万多名员工。思科不像亚马逊或脸书那样家喻户晓，但没有它，你就无法从亚马逊订购产品，或是在脸书上发布你喜欢的视频。思科是全球最重要的公司之一，运营着全球大部分的信息技术基础设施。

思科利用自己的技术提高生产力，降低劳动力成本。员工坐在远程视频会议室与千里之外的客户会面，差旅费都省下了。他们走进10个大厅中的一个，每个大厅的数字屏幕上都有一位接待员提供服务。在思科大楼里，公司自己的产品正被用于自动化任务，代替人来完成工作。不过，在许多方面正是这些产品让人类互动成为一种更有价值的技能，正如我们了解的，这种技能在当今的员工中较为缺乏。

思科首席执行官查克·罗宾斯希望所有工作都能尽快完成，而且理由充分。电视用了 50 年的时间才覆盖 5 000 万人，而脸书用了 3.5 年，令人着迷的电子游戏《愤怒的小鸟》只用了短短 35 天。如果工程师团队告诉罗宾斯他们可以在 30 天内开发一款产品，那么罗宾斯会给他们 3 个星期。思科的高层认为沟通技能是“执行的润滑剂”，它赋予了公司竞争优势。

作为一家技术公司，思科以数据来衡量一切，包括沟通技能。只有说服力高于一般水平的员工才能获得晋升。

具体是怎么实现的呢？思科的员工、经理和高管经常在同事、客户和合作伙伴面前做演示。同行和客户会对演示的内容和方式打分，分数从 1 到 5 不等，4 分或以上说明演示很好，4.5 分到 5 分就非常高了，但很少见。执掌思科 20 年的前首席执行官约翰·钱伯斯的得分经常超过 4.5 分。钱伯斯 1996 年开始执掌思科时，公司的年收入为 7 000 万美元。钱伯斯是思科的布道者，他要求思科的高管拥有卓越的演讲技能。10 多年后，思科的年收入达到 400 亿美元。

“演讲分数真的很重要吗？”我问其中一位高管。

他说：“只要你想保住饭碗或是获得晋升。”

即使是致力于大数据和人工智能的公司，比如思科、谷歌、微软、软件服务提供商 Salesforce 和 IBM（国际商业机器公司），其最有影响力的领导者也是公认的最会说话的人。总体而言，对沟通技能的需求很多，但合格的人才却很少。这种人才缺口赋予了掌握这门古老说服艺术的人相当大的优势。

在我们进一步了解那些拥有这项技能的人以及如何练就这项技能之前，我们需要回顾一下过去，展望一下未来。

思想交流推进了创新

世界大部分地区已经进入创新和繁荣的黄金时代，这多半归功于欧洲启蒙运动和美国独立战争时期催生的思想自由。在过去的200年里，文明社会在医学、技术和生活水平方面取得了前所未有的巨大进步。用经济学家马特·里德利的话说，这全是因为思想有了“性”。里德利在《理性乐观派》一书中写道：“当普通人可以自由表达想法时，各种思想便开始接触、交配、结合、再组合。”[5]

这一思想的融合期在19世纪前后推动了前所未有的创新。结果，与我们的先辈相比，我们不是进步了一点点，而是几乎所有方面我们都日新月异。

伊利诺伊大学芝加哥分校有一位著名的历史、经济、英语和传播学教授，名为戴尔德丽·麦克洛斯基。她把过去的200年称作“大繁荣时期”。在这一时期，普通人可以得到的商品和服务数量增长了100倍，这是前所未有的。麦克洛斯基称其为自农业出现以来最重要的非宗教事件，它“重启了历史”。

许多著名的经济史学家都赞同麦克洛斯基的观点。他们发现从18世纪末开始，许多地方的生活都越来越好。起初变化缓慢，后来越来越快，现在则势不可当。麦克洛斯基说：“不仅欧洲人、皇室或富人的物质生活有了改善，普通人的生活也是如此——不管是布鲁克林还是北京。”[6]

牛津大学马丁学院院长、全球化教授伊恩·戈尔丁称现代世界正处于“新文艺复兴时代”。戈尔丁写道：“我们的世界突然有了更多的聪明人，他们更健康，受过更好的教育，彼此交流各种更为生动的想法，数量和种类均难以估计。这种交流是全球性的、即时的，成本近乎零。”[7]戈尔丁曾任世界银行副总裁、纳尔逊·曼德拉的顾问。他表示，我们正处于一个黄金时代，创造性突破的条件已经成熟，由此引发的进步将远远超过人类历史上的任何时期。

瑞典历史学家约翰·努尔贝里对此表示赞同。他告诉我："我们正在见证有史以来全球生活水平的最大改善……我们在过去 100 年里取得的进步比最初的 10 万年都大。贫困、营养不良、文盲、童工和婴儿死亡率的下降速度比人类历史上任何时候都要快……今天出生的孩子活到退休比祖先们活到 5 岁的可能性都高。"[8]

这些历史学家描述进步的方式各不相同，但他们对进步的基础都有着一致的意见。在自由社会中，思想有了交流，就会变得精彩纷呈。

印刷机发明后的几百年里，思想传播得越来越快，范围越来越广，因为过去每年只有几百人才能买到的书现在已经变得人手可得了。戈尔丁写道："最终，是思想的传播把我们所在的新世界和我们所达到的人类发展的新高度联系了起来。不过，无论知识如何被包装，是作为一种设备、一粒药丸或一剂针剂，还是作为一系列政策，欠发达社会如果加以采用，就能跨越一年或几十年，实现发展并立即获益。"[9]

约翰·努尔贝里让我们想起了托马斯·罗伯特·马尔萨斯。马尔萨斯 1780 年曾悲观地认为，人类总会遭受饥荒和贫困。虽然马尔萨斯准确地描述了那个时代，但是"当启蒙思想和自由度的扩大让人们有能力创新、解决问题和改变方式时，他低估了（人类的）能力"。[10] 随着时间的推移，世界人口的确在不断增长，但食物供应的增长速度更快，结果是大饥荒和营养不良大幅减少。努尔贝里表示，现在的人口是 100 年前的四倍，但饥荒导致的死亡人数仅为 100 年前的 2%。努尔贝里说："民主是我们对抗饥荒最有力的武器之一。"究其原因，是因为新闻自由和思想的自由传播让人们意识到问题，进而自由地将想法付诸实践以解决问题。

彼得·H. 戴曼迪斯创办了十几家太空和高科技公司。他毕业于哈佛医学院，在麻省理工学院取得了分子生物学和航空航天工程学位。戴曼迪斯是 X 大奖基金会的董事会主席兼首席执行官，也是硅谷智库奇点大学的创始人之一。他写道：“用现在几乎任何一种标准衡量，过去 100 年生活质量的提高都比以往任何时候要大。”[11] 戴曼迪斯说，随着数十亿人加入全球对话，“他们的想法将会催生新的发现、产品和发明，我们所有人都将从中受益。这些想法我们以前是接触不到的。”

也许麦克洛斯基的话最一语中的：“我们的财富并不是由一块又一块砖垒起来的，也不是由一个又一个学士学位或银行存款堆起来的，而是来自一个又一个创意。”[12]

故事里的经济学

如果没有倡导者的支持和布道者的传播，思想就无法建立在彼此之上。生活在一个建立于思想之上的世界，说服者，就是那些能够赢得人心并改变思想的人，将独具竞争优势。

戴尔德丽·麦克洛斯基开展了一项令人印象深刻的研究项目，目的是证明说服这一古老的修辞艺术是美国国民收入增长的主要原因。她把“说服”，即通过改变思想而改变行为称作“甜言蜜语”。

麦克洛斯基先从《美国统计摘要》的就业类别着手，这是一份涵盖 250 种职业、1.4 亿人的名单。首先，她移除了那些“甜言蜜语”在日常活动中不大重要的工作，比如房屋估价师、消防员、建筑工人。尽管从事这些职业的人可能也需要有说服力才能得到这份工作，比如消防员必须下达紧急指示以挽救生命，但他们的收入不怎么依赖于修辞。

随后，麦克洛斯基确定了至少 90% 的工作时间要使用说服的职业，比如律师、公关、顾问、社会工作者等。她为经理和主管定的数值略低一点（75%），但其实也很高了。换句话说，他们 75% 的收入来自他们说服别人的能力。“在一个自由社会，如果员工不回应，不能强制命令和殴打他们，他们需要的是被说服。”[13]

根据麦克洛斯基的分类，信贷员、人力资源专家、作家、教师和大学教授等 50% 的工作时间要使用说服，而警察、巡警、侦探和调查员的这一数值是 25%，此外还包括 760 万名医生、牙医、护士、语言病理学家和医护人员。

麦克洛斯基统计了员工人数，用每个类别的员工人数乘以“甜言蜜语”在收入中所占的百分比。由此她得出结论：美国 1/4 的国民收入来自说服。

麦克洛斯基针对三个不同年份分别做了计算，她发现这一比例几乎没有变化。值得注意的是，几乎在每一个类别中，麦克洛斯基采访过的人都表示，说服在他们收入中所占的百分比高于麦克洛斯基所设定的数值。所以，1/4 这个数值算是低估了。

经济学家格里·安季奥奇在澳大利亚财政部工作，他想看看自己是否可以复制麦克洛斯基的调查结果，最后得出了类似的结论。事实上，安季奥奇发现，说服在美国国民收入中所占的比例高于麦克洛斯基最初得出的结果。安季奥奇表示：“说服现在占美国经济的 30%。几乎所有的自愿交易中都有说服的影子。卖家说服买家，政客说服选民，游说者说服政客。非政府组织在政策协商中越来越有说服力。说服对现代经济影响巨大，其影响力还在不断增长。”[14]

虽然麦克洛斯基和安季奥奇的计算都基于美国的数据，但经济学家一致认为，目前说服在大多数经济体中都起着同样重要的作用。情况是这样的：随着自动化继续取代我们曾手工完成的工作，说服在国民收入中所占的份额只会越来越高。麦克洛斯基预计，在接下来的 20 年里，“甜言蜜语”将占美国劳动收入的 40%。

大繁荣时期是以大破坏为代价的。1840 年，美国近 70% 的劳动力集中在农场。如今，只有不到 2% 的美国人从事农业。制造业所用劳动力的份额从 1950 年的 40% 下降到今天的 20% 以下。随着机器人取代工人，重复性工作实现自动化，制造业的收入将继续下降。剩下的工作以及新出现的工作的主要任务就是改变思想。

正如麦克洛斯基解释的那样，“除非有人改变思想，否则经济体或社会不会有什么事是在自愿的情况下发生的。行为可以强制改变，但思想不能”。[15]

“过去依靠‘甜言蜜语’的职业比较少，但未来会越来越多。”麦克洛斯基说，“只懂技术的编码员在硅谷的起薪可能在 4 万到 8 万美元之间。一位能够与客户交流的编码员可以轻松获得 12 万美元以上的报酬。”麦克洛斯基从未见过库雷希，但如果知道这位工程师通过口才拿到了 25 万美元的年薪，她应该不会感到惊讶。

无论未来技术采用何种形式，沟通技能的价值只会上升。正如麦克洛斯基所说：“在自由社会中，‘甜言蜜语’掌控一切。”言语和思想创造了现代世界，言语和思想会让你成为行业明星。说服，即甜言蜜语，最有可能帮助你从现在的位置跨越到你想要达到的位置。

❸

亚里士多德：说服的逻辑

至少在我能看到的范围内，人脑和人心将受到重视。

——谷歌数据分析专家阿维纳什·考希克

阿维纳什·考希克在职场找到了他的天堂。他寻找幸福的旅程跨越了10年、3个国家和6个职位。一路上，他都在寻找“快乐”，寻找一家与他合拍、重视热情和技能的公司。考希克在谷歌找到了自己的归宿，谷歌在考希克身上找到了自己的传声筒。

考希克是全球数据分析领域的一位领军人物。他写了两本全球畅销书，还主持着一个名为“奥卡姆的剃刀”的热门博客。考希克在数据分析领域可谓一个大人物，他也在谷歌获得了极高的薪酬。作为公司的数字营销传播者，考希克扮演着两个重要的角色。他与世界最著名品牌的领导者会面，让他们了解谷歌数据的全部功能，助其获得商业成功。考希克还有一项重要的工作，他要教谷歌的4 000名经理、领导者、销售和营销人员如何更具说服力。将数据形象化带给他很多快乐。考希克说，弄清楚隐藏在数据背后的复杂性，并将它的影响解释给谷歌用户听，其中蕴含着“某种魔力”。

有一次我拜访加州山景城的谷歌总部时，考希克对我说："我的工作就是改变谷歌员工讲故事的方式。"[1] 考希克的团队共有 75 人，他们举办研讨会，向谷歌的专业人士传播数据可视化信息以及如何讲故事，这些专业人士会创造数十亿美元的年收入。

我问他："考希克，当人们想到谷歌时，都会想到搜索、数据、人工智能和机器学习，讲故事有什么用呢？"

"讲故事是个很有用的方法，可以让我们的客户以不同的方式进行思考。"考希克说，"如果我们能向人们展示如何通过解锁数据来赚钱、发展业务或是获取更大的成功，我们之间就会在内心建立一种能够激发行动的联系。"

世界上到处都是数据，但数据在任何地方都没有在谷歌那么引人注目，谷歌现为 Alphabet 旗下子公司。每一秒，用户会在谷歌上做 4 万次搜索，一年就是 1.2 万亿次。每一分钟，用户会在谷歌的子公司 YouTube 上观看近 300 万次视频流。谷歌收集的数据可以帮助品牌以前所未有的速度发展。不过，如果谷歌的客户淹没在大量的数据中，那么这些数据就毫无价值了。这时就该考希克和他培养的讲故事的人上场了。考希克说："我们驱动的变革规模和范围很大很大，最好用故事来完成。"

大多数销售和营销人员都很自豪自己能够发表"见解"，但考希克倾向于"一般人看不到的东西"。根据定义，见解是听众可以看到的东西，是他们已经知道的信息。例如，如果考希克告诉零售商如今在报纸上看广告的人越来越少了，那么这不是什么意想不到的消息，也没有什么开创性。然而，如果告诉他们买家在移动设备上看到和读到的内容会影响店内 70% 的销售，可能会从根本上改变这些零售商的经营方式。谷歌员工接受的培训告诉他们，演讲一定要以"大家看不到的东西"开头，以一个具有变革性、能够彻底改变客户看法的创意开头。

考希克说：“在演讲的前两三分钟，我希望坐在椅子上的听众能够探身而听。”幻灯片上的图表和表格不会带来这样的效果，但故事会，因为故事是会打动别人的。故事会触发人脑中大量的神经化学物质，让演讲极具感染力。

谷歌工程师开发的产品可以改变人机交互的方式。从预测你在寻找什么样的搜索引擎到自动驾驶汽车，谷歌一直站在人工智能和机器学习的最前沿。公司最有影响力的一位员工是个大数据人才，但他拥有的最强大的工具竟然已有 2 000 多年的历史。这个工具就是修辞，即说服的艺术，而发现这门艺术的哲学家是亚里士多德。

本书剩下的部分将帮助你理解并应用说服之道，让你在现代社会中脱颖而出。不过，我们先插段简短的题外话，解释一下为什么我们认为“说服理论之父”亚里士多德发明了现代数字时代的基石——逻辑学。

说服与现代计算机之父——亚里士多德

数字革命的历史可以追溯到 1847 年，当时数学家乔治·布尔提出了一门名为数学逻辑的模糊学科。布尔证明所有变量要么是“真”，要么是“假”；要么是“开”，要么是“关”。这门学科对于当时的任何实际应用来说都过于抽象。但是，正如我们所知，思想是建立在思想之上的，布尔方程和公式就是这样。20 世纪 30 年代，麻省理工学院的研究生克劳德·香农将布尔代数用于电路，为现代计算机奠定了基础。科学家认为，布尔逻辑开创了信息时代，但布尔本人却将逻辑学的发明归功于亚里士多德。

亚里士多德认为，我们说话、写作和推理的能力，以及我们改变人们思维方式的能力可以释放人的潜能。因为亚里士多德认为说服他人的能力是自由社会受过教育的人的标志，所以他想了一些方法帮助人们在公开场合说话时达到更好的效果。他说，首先，一个有说服力的论据要有一个逻辑结构。他发明的方法被称为三段论：

凡人终有一死。

苏格拉底是人。

所以苏格拉底终有一死。

如果我们将论证的对象苏格拉底替换为其他任何人，该论证仍有效。在亚里士多德的概念的基础上，布尔用数学公式代替了语言：

$x = x*y$（集合 x 中的所有元素都在集合 y 中。）

风投公司安德森·霍罗威茨基金的合伙人克里斯·狄克逊写了一篇论文，详细论述了布尔与亚里士多德之间的关系。[2] 在《亚里士多德如何创造了计算机》一文中，狄克逊写道，亚里士多德的逻辑学为“人工神经网络”奠定了基础，这种网络既会推理又会学习。如果亚里士多德确实是现代计算机之父，那么他肯定是个非常聪明的人，因为他还传授给我们与机器竞争的秘密。亚里士多德提供了一个方法，一套将人与计算机区分开来的工具。这位哲学家的方法让我们得以发展情商、同理心，并与他人建立有意义的联系。亚里士多德认为，没有人与人之间的联系，就没有社会。没有社会，就没有幸福。如果我们不幸福，就不能实现蓬勃发展。

有效说服的三种修辞原则

亚里士多德发明了逻辑学，为人类提供了制造智能机器的工具。他还为人类提供了一种超越这些机器的工具，他称其为“修辞学”。

按照亚里士多德的定义，修辞是一门用书面和口头语言来说服人们改善生活的艺术。亚里士多德认为，要想在文明社会获得成功，既需要智慧又需要口才。他认为，口才实质上是一个系统，一种触碰心灵和改变思想的方法。亚里士多德发明的技巧构成了当今公开演讲的基石。每一次鼓舞人心的演讲、幻灯片演示或讲话，究其核心，都与亚里士多德2 000多年前提出的策略如出一辙。

亚里士多德认为，说服是不具操纵性的。事实上，他认为不学习说服这门艺术是可耻的。英语教授斯科特·F. 克赖德在大学讲授亚里士多德课程已经25年了。他认为，这位希腊哲学家对人类在论证中辨别真相的能力持乐观态度，因为真理比虚假更有力。“所以，如果所有其他条件都一样，但真理或者正义没有虚假和不公那么有说服力，那么问题必然出在剧院或观众身上，抑或两者兼而有之。”克赖德如是说。[3]

“从根本上说，修辞学就是幸福的艺术。”克赖德说。[4] 亚里士多德称观众为“评委”，因为他们不断权衡论据，判断哪一个会给他们带来最大的幸福。说服的最终目标是用语言鼓励双方向前发展，寻找幸福。亚里士多德说可以用两步实现这一目标。说服的第一步是阐明论证的主题，第二步是发言者必须证明自己的论点有力且合乎逻辑。

论证的主题就是你希望对方做的事情：对于企业家来说，可能是让风险投资人为某个想法投资；对于经理来说，可能是让团队优先考虑一个产品线而非另一个；对于销售人员来说，可能是让客户接受新的服务。

主题为论证指明了方向，为对话设定了目标，但正是亚里士多德的第二步才让诉求有了说服力。演讲者必须使用三种修辞原则来支撑自己的论证——理性诉求（logos）、人品诉求（ethos）和情感诉求（pathos）。要想具有说服力，论证必须有一个逻辑框架（理性诉求），对方会因为演讲者的性格和信誉而给予信任（人品诉求），演讲者还要和对方建立情感联系（情感诉求）。

理性诉求很重要，但它只占 1/3。如果没有人品诉求和情感诉求，说服力就无从言说。人品诉求指的是演讲者的可信度。亚里士多德认为，如果演讲者具有三个特征：智慧、美德和善意，那么听众就会觉得他值得信赖。如果演讲者准备的论据结构合理，听众会觉得他很聪明。如果演讲者被视为一个品德高尚的人，听众会觉得他诚实可信。更重要的是，如果演讲者明显想要把最好的带给听众，听众会觉得他是个心怀善意的人。蛇油推销员在我们的脑海里属于最不值得信赖的那种人，因为卖蛇油的小贩只想把你的钱赚走。他们心里不会装着你的最大利益，他们心里只有自己。人们认为他们没有职业道德，因为他们没有可信度。

亚里士多德的论述被视为人类心理学的第一次真正的讨论，因为情感诉求在他提出的方法中占了相当大的一部分。亚里士多德认为，没有情感，一切都无从谈起。事实上，他认为缺乏情感是一种严重的人格缺陷。不管怎么说，当看到不公时，你自然会感到生气。当父母去世时，你自然会感到悲伤。亚里士多德认为，只要情感是合适的，我们的决定应该由情感指引。

1963 年在林肯纪念堂门前的台阶上，马丁 · 路德 · 金发表了《我有一个梦想》的演讲，这次演讲完美地融合了三种修辞原则，即理性诉求、人品诉求、情感诉求。如果没有情感诉求，也就是没有对现状的愤慨和对更光明的未来的希望，那么这次演讲就会一败涂地，当然也不会被视为 20 世纪最伟大的演讲之一。正如托马斯 · 潘恩、亚历山大 · 汉密尔顿和托马斯 · 杰斐逊多年前做到的，马丁 · 路德 · 金引发了一场运动，即不断发酵的民权运动。我们最重要的历史事件都是由作家、演说家、思想家和领袖引发的，他们掌握了说服的艺术，特别是情感诉求，他的话能够打动人心，让人们相信必须做出改变。

美国历史上最有说服力的文件当属《独立宣言》，每年7月4日美国都会庆祝这一天。律师托马斯·杰斐逊被选中起草这份文件，因为他擅长用逻辑结构传达信息，同时也能激发人们对这项事业的正确情感。他是一位深谙说服艺术的大师，他在《独立宣言》中把亚里士多德提出的三个修辞原则结合起来。这份文件是为在街角大声宣读而写的。

迷你剧《约翰·亚当斯》捕捉到杰斐逊的这种吸引力。“这完全出乎意料。”亚当斯（保罗·吉亚玛提饰演）对杰斐逊说，“这不仅是我们的独立宣言，而且关乎所有人的权利。先生，说得太好了，真的太好了。”

今天最好的辩护律师从杰斐逊的言论中学到，说服讲究的不仅仅是对事实的叙述，还需要把文字与更大的主题联系起来，激发人们接受一个大胆的愿景，就像肯尼迪鼓励人们登陆月球时所做的那样。我们应该记住杰斐逊曾指明在他的墓碑上只刻上三项成就，“一个字都不要多”。它们是：“美国《独立宣言》的作者、《弗吉尼亚州宗教信仰自由法案》的作者、弗吉尼亚大学之父。”

在杰斐逊看来，他一生中最伟大的三项成就中有两项都涉及写作。他的墓碑上并没有提及他是美国第三任总统，在执政期间以每英亩[①]不到3美分的价格购买了路易斯安那的土地，一夜之间使美国的领土翻了一番。

思想很重要，杰斐逊知道有说服力地交流思想可以改变世界。

自从2 000多年前亚里士多德首次提出修辞学，世界已经变了模样。自从杰斐逊200多年前起草《独立宣言》以来，人脑却没有改变。这就是为什么当时有效的现在仍然有效。

作为人类，我们天生就会彼此寻求情感联系。想法叠加在一起开创

---

① 1英亩≈4 046.86平方米。——编者注

了我们今天所经历的自动化时代。是的，变化的步伐正呈指数级增长，让目睹世界每天都在变化的很多人产生恐惧和焦虑。他们看到某些工作彻底消失了，某些全新的工作涌现出来。我们如何竞争？我们如何保持我们的价值？我们如何蓬勃发展？当然，我们都需要成为工作上的能手，足够灵活，可以适应这个快速变化的世界。不过，这还不够。我们还需要说服，更具体地说，需要情感。仅靠事实不会引发运动，但情感可以；仅靠事实不会让人们仰望星空，但情感可以；仅靠事实不会让人们兴奋，但情感可以；仅靠事实人们不会受到鼓舞去寻找创新方法解决具有挑战性的问题，但情感可以。情感是赢得未来的关键，现在科学已经证明了这一点。

故事的情感触发因素

在过去的 10 年里，我们对情感及其在说服中所起的作用的了解，已经超过了从人类祖先开始在洞壁上画图记录故事以来我们所知道的总和。

例如，神经科学家把引起强烈反应的词语和图像标记为“情感刺激材料”，它们包括会触发恐惧、喜悦、希望和惊奇的文字、图片或物体。分子生物学家约翰 · 梅迪纳说：“诱发情感的事件往往比中性事件更容易被人记住。”[5] 遇到强大的情感刺激材料，大脑会突然释放化学物质，相当于给大脑贴上了便利贴，标明这条信息需要记住。通过功能性磁共振成像或无创成像技术，科学家已经知道情感如何引发了这种突发的反应、大脑中的哪个部位产生了化学物质、它们被送到哪里，以及我们是如何感受到的。梅迪纳在一篇科学论文中写道：

> 碰到情感刺激材料，脑干被盖和蓝斑区域的神经元会释放去甲肾上腺素。这很重要。源自这些区域的神经元会覆盖大脑中的很多区域，包括海马体和杏仁核。去甲肾上腺素到达靶细胞后会与肾上腺素能 β 受体结合。[6]

用简单的话说，情感吸引了我们的注意力，情感记忆令人难以忘怀。

有很多神经科学家和研究人员都在研究情感对说服力的影响，梅迪纳只是其中一位。在本书中，你将读到通信、记忆和人类行为领域的权威专家所做的研究。例如，克莱蒙特研究大学的保罗·扎克博士正在研究当一个人给另一个人讲故事时，哪些影响神经系统的化学物质在发挥作用。他发现故事会引发一种冲动，这种冲动主要是由催产素、多巴胺和皮质醇等化学物质引起的。扎克博士甚至还想确定故事的哪些内容触发了人们的这种冲动。他说："一个带有情感触发因素的引人入胜的故事会改变我们大脑的化学环境，让我们更加信任和理解讲故事的人，更愿意接受他的思想。"[7]

普林斯顿大学的神经科学家尤里·哈森正在研究图像，这将使我们能够观察交谈双方的大脑。哈森发现，某种特定的对话会导致"神经耦合"，大脑扫描显示，此时说者和听者大脑的相同区域会出现类似的活动模式。哈森因此得出结论，有感染力的故事是唯一一种可以在两个大脑之间触发这种心灵融合的对话。

根据《哈佛商业评论》发表的一项研究，人工智能的兴起并没有降低情感的重要性。相反，研究人员得出结论，要维持事业成功，情感在自动化时代比以往任何时候都重要。研究发现，高技能工人因为三种能力而获得更高的收入：快速完成机械性工作的能力、评估数据以确定行动方案的经验，以及帮助客户沿正确道路前行的头脑。研究表明，"人工智能和机器学习在前两个方面将很快超越我们。那些希望在自己领域站稳脚跟的人需要关注人工智能难以复制的技术和能力，比如如何理解人、激励人，以及与人互动"。[8]

在第 10 章，你将了解到有关情感的更多信息。具体来说，你将学到一种激发情感的方法，这种方法已经使用了几个世纪，今天仍可以用它来推广自己的想法。现在，我们只消记住，情感是我们人类战胜智能机器的最有效的工具。没有情感，你将无法说服、激励、鼓舞别人，也无法理解别人的想法。

❹

如何把公司愿景讲成故事

有一件事只有人类能做，那就是拥有梦想，所以尽管放大我们的梦想吧。

——国际象棋冠军加里·卡斯帕罗夫，曾败给 IBM“深蓝”计算机

“地狱周”这个名字其实低估了这一训练的艰苦。五天半的残酷训练，每天仅睡四个小时。这是对耐力、决心和意志力的终极考验。每四个候选人中只有一个能坚持到最后，大多数人第一天晚上就退出了，那晚他们正在圣迭戈科罗纳多海滩附近寒冷的海水中战栗不已。如果他们能够通过跑步、游泳、划桨到达终点，他们得到的奖励是接下来 20 周的艰苦训练。通过训练的极少数人将成为海军海豹突击队的队员，成为世界上最强悍的战士。

尽管对身体素质有要求，地狱周并非体能测试，身体最强壮的人往往无法过关。它测试的是一个人的精神力量，同时教官要发掘那些尽管深陷泥沙、体温很低时还能激励人、鼓舞人、清晰与人沟通的领导者。团队合作至关重要，让队友之间建立信任和合作是一项独特且必要的技能，这就是许多海豹突击队队员从战场成功转战商场的原因。

不管在商场还是战场，有效的领导者都有一个清晰的愿景，能够让别人相信他们的努力可以帮助整个团队取得成功。在海豹突击队中，沟通技能很重要，可以说特别重要。沟通不畅的惩罚将是坏人逃掉、任务失败，甚至死亡。

从普通军官到指挥官，从上尉到海军上将，掌握说服的艺术都是一种关键的技能，它可以让有领导能力的人在海豹突击队中不断晋升。在现代军队中，长官不能简单地告诉士兵攻取一个山头，他们必须懂得说服。任何人，即使是最忠诚的士兵，在沙漠约 49 摄氏度的高温下很久不洗澡，还要负重 75 磅①装备的时候，都会怀疑这样做的目的。

海豹突击队退役队员立夫 · 巴宾和约克 · 威林克在《极限控制》中写道："战斗领导力要求领导者能够让一个由不同小组组成的多元化团队执行高度复杂的任务，从而实现战略目标。"[1]巴宾是一位屡获殊荣的军官，曾两赴伊拉克作战。他写道："你不能让别人听你的，不能让他们执行命令。要实现真正的改变，推动人们去完成十分复杂、困难或危险的事情——你不能强迫别人去做，你必须带领他们去做。"[2]

通过地狱周几年后，巴宾回到圣迭戈的科罗纳多海滩当起了教官。在召集队员进行七人船训练时，他在领导力方面学到了很有价值的一课。船员要共同努力将 200 磅重的船只拉出 6 米多高的沙堤并通过数英里②的海滩。到了水上，他们要进行比赛。被指派为船长的人负责接收命令，指挥团队并激励其他六名队员。

队员们有获胜的动力。首先，他们想给教官留下深刻的印象。其次，他们可以获得几分钟的休息时间。在演练中，有一艘船几乎赢得了所有比赛。巴宾发现，"二队有一位强有力的队长，每个队员的积极性似乎都很高，表现也很好。他们取长补短，相互帮助，以获胜为荣"。[3]

---

① 1 磅 ≈0.45 千克。——编者注

② 1 英里 ≈1.61 千米。——编者注

二队队员士气高涨，笑容满面。但在几乎所有的比赛中，六队都排在最后，队员们很生气，互相吼叫。他们独立行动，根本不关心团队的利益。教官提出一个想法，调换各队队长，但队员不变。原来的二队队长接管了一败涂地的六队，原来的六队队长开始带领二队。在接下来的比赛中，通常都是最后的六队第一个冲过终点。这不是侥幸，后面的比赛中，这支队伍几乎都是第一名。巴宾从中得到启示："没有糟糕的团队，只有糟糕的领导……领导力是团队表现最重要的因素。"[4]

军队中能够有说服力地做出清晰指示的领导往往会晋升到更高的位置，这些指示包括战斗行动的人员、内容、时间、地点、原因和方式。当最杰出的海豹突击队队员在训练中使用美国国防部最高机密研究中心国防部高级研究计划局开发的最先进的技术时，如果没有能够激励团队采取行动的领导者，那么这项技术也会毫无价值。

杰出的军事领导人还有一个优势，他们可以让下属相信，他们能够完成超出想象难度 20 倍的任务。

投资人想听什么故事?

在海豹突击队训练地点以北 800 多千米的地方，创业者们在参加另外一个"新兵训练营"。他们比海豹突击队候选人的睡眠时间要多点儿，但也不是很多。

硅谷著名的孵化器 Y Combinator，每年两次给大约 100 家创业公司投资 12 万美元。竞争可谓十分激烈，入选率仅为 3%。Y Combinator 获得所投公司大约 7% 的股权，作为交换，它会为创业者和创始人提供建议、指导，以及帮助其与成功的创业公司进行联系。自 2005 年以来，Y Combinator 已投资了 1 500 家创业公司，总估值达 1 000 亿美元。其中最著名的创业公司包括爱彼迎、红迪网、Stripe 和多宝箱。Y Combinator 孵化的 50 多家公司市值都超过了 1 亿美元。

三个月的时间，雄心勃勃、奋发努力的年轻创始人与顾问一起改进他们的产品和想法。他们正在为一个重大的日子做准备——“演示日”。这一天对创业者来说非常重要，他们会展示产品，向投资者推销他们的想法，投资者可以把他们的公司带到新的高度。当天的演示要讲一个故事，讲述创始人的故事和公司未来的愿景。讲故事是演示日的核心，这就是为什么 Y Combinator 要找具有伟大创意和会讲故事的创始人。

“无论什么时候，当你想把东西卖给别人时，你卖的都是一个梦想。你在邀请对方成为你的故事的一部分。”杰夫·罗尔斯顿说。[5] 罗尔斯顿建立了全球最早的网络邮件服务之一——雅虎邮箱。他又创建了音乐发行网站 Lala，后来卖给了苹果公司。他拥有达特茅斯大学和斯坦福大学的计算机科学学位。罗尔斯顿是一位计算机科学家，他认为软技能等同于现金。事实上，他不喜欢用“软技能”这个词来形容他在创业者身上寻找的基本属性。罗尔斯顿告诉我：“讲故事并非软技能，而是一个基础。”

> 成功的公司和创业者会围绕他们的产品、服务和品牌创造一个故事。如果我要对你的生活产生影响，如果我想卖给你什么东西，如果我想让你使用我做的东西，我必须把它融入你的故事中。我必须讲一个足够吸引人的故事，让你想成为我的故事的一部分，因为我做的东西不一样，我创造了新的东西，很有趣的东西，而我希望你成为这个故事的一部分。这就是人类创造文明的方式。我们要讲一个把我们团结在一起的共同的故事。

Y Combinator 选中的创业者通常只有一个最小可行性产品（MVP）。

用创业公司的话说，最小可行性产品是一种产品，它具有足够的核心功能，可以发挥作用并证明其有效性。通过反馈和投资，最小可行性产品可能会成为下一个爆品。在推广最小可行性产品时，能够讲出引人入胜的故事的创业者便有了竞争优势。在本书的第三部分，你将从实际的投资者那里学到具体的推销和演讲技巧，这些投资者曾为 Y Combinator 的演示日培养了最著名的创业者。

当 Y Combinator 的创始人兼总裁萨姆·奥尔特曼被问及他会在被投资者身上寻找什么特征时，他立即回答："他们善于沟通吗？"[6] 奥尔特曼说，如果不能清晰地进行沟通，"那真是个问题"。

如果创业者不会激励别人、不会聘用人、不会卖东西、不会筹集资金、不会与媒体交谈，那么奥尔特曼的投资将毫无价值。一位鼓舞人心的领导者，一位能将令人兴奋的使命阐述清楚的领导者，将更容易雇用最优秀和最聪明的人。没有这样的领导者，奥尔特曼说，"我通常会觉得很无聊"。伟大的沟通者是不会让人想睡觉的。

奥尔特曼已经支持了 3 200 多名创始人，在投资机会面前他向自己提出一系列问题[7]：

- 人们会热爱这家公司吗？
- 这家公司很容易被复制吗？
- 创始人拥有某种"自然的力量"吗？
- 这家公司有明确而重要的使命吗？

奥尔特曼的这四个问题中只有第二个与专有技术、专利或进入壁垒有直接关系。其余三个问题都与情感有关。人们会热爱这家公司吗？人们可能会喜欢某个普通产品或者觉得它很有用，但"热爱"却是顶级公司的专属。最后两个问题涉及沟通技能。奥尔特曼说，创始人是否拥有某种“自然的力量”可谓最难评估的因素，他必须通过创始人的沟通技能来确定。最后，如果创始人无法表达出明确而重要的使命，那么他将很难说服其他人加入他的旅程。

Y Combinator 并不投普通的公司，它支持的是梦想家，正确的问题有助于将他们识别出来。

正确的问题催生了世界上最赚钱、最受赞赏的品牌，这家公司已经掌握了情感诉求，它就是苹果公司。

品牌必须有故事

2001 年，苹果公司开设第一家零售店时，许多专家认为这是个疯狂的想法。一位零售分析师预测苹果公司的这家店将在两年内“关张”，这次实验将以失败告终。《商业周刊》发表了一篇文章，标题是《抱歉，史蒂夫，这就是苹果零售店不会成功的原因》。专家们不仅错了，而且还做了一个极大的误判。15 年后，苹果商店每平方英尺[①]的收入高于地球上的任何零售商，苹果公司的市值达到了 7 500 亿美元，成为全球最有价值的品牌。

分析师未能预测苹果公司的成功，因为他们在计算数字而不是考虑经验。批评者认为，与同行相比，苹果零售店必须赚更多的钱来支付购物中心昂贵的租金，这一点没错。不过，他们没有意识到，史蒂夫·乔布斯及其团队的计划并不是卖电脑。相反，他们计划向客户介绍能够释放个人创造力的工具。他们知道如果能够和客户建立情感联系，那么销量就会随之而来。

---

① 1 英尺 ≈0.30 米。——编者注

乔布斯和苹果零售店的团队先问了自己一些问题。关于竞争对手，他们会问："他们的使命是什么？"答案是："做电脑、卖电脑。"苹果公司的团队另辟蹊径。他们又问了一个更能激发斗志的问题："我们如何丰富人们的生活？"下面是他们在 2001 年得出的答案：

> 一家丰富人们生活的店铺拥有不收佣金的销售区，它聘用的不是店员或销售人员，而是天才和服务人员。
>
> 一家丰富人们生活的店铺聘用的是有同理心、有激情的人。
>
> 一家丰富人们生活的店铺，顾客一进门就有人迎接。
>
> 一家丰富人们生活的店铺会让顾客体验产品。
>
> 一家丰富人们生活的店铺位于生活区。[8]

更好的问题带来更好的创新。"丰富人们生活"这一愿景 15 年来一直是苹果零售店的宗旨。2017 年 5 月，苹果公司首次对其零售店进行了一次彻底的重新设计，而"丰富人们生活"仍是公司的核心使命。

在接受哥伦比亚广播公司（CBS）新闻部门的采访时，苹果公司零售业务副总裁安杰拉·阿伦特表示，这次重新设计是在颂扬苹果公司传承下来的精神。她说："苹果公司不管做什么，都想传承这种精神。我们的中心就是人，我们的工作就是丰富人们的生活。"[9]

在阿伦特的带领下，苹果零售店的此次改造包括"城市广场"的概念，人们可以聚在这里一起学习。她提出了一个新的职位，名为创意专家，这些人相当于文科领域的技术天才，他们会主持不同主题的研讨会，包括照片、视频、音乐、编码、艺术和设计等等。阿伦特表示，创意专家这一职位的提出受到了乔布斯理念的启发，即苹果是"人文与技术的结合"。

阿伦特在哥伦比亚广播公司的采访中说，同理心是苹果公司成功的核心，这次苹果零售店的重新设计也是在这个大背景下进行的。她说："我们的社会技术越先进，我们就越需要回到人类关系的基础上。我不关心技术有多先进。我觉得没有什么东西可以取代看着某人的眼睛、摸着他的手的那种感觉……同理心是创造能量的一个最重要的因素。"[10]

阿伦特接到苹果公司首席执行官蒂姆·库克的电话时，还是时装公司博百利的首席执行官。阿伦特成功地将博百利的传统零售店与线上销售结合起来，公司的股票也涨了两倍。库克一直在为苹果零售业务寻找一位新的领导者，他邀请阿伦特担此重担。

阿伦特说："蒂姆，我可不是搞技术的，你找错人了。"[11] 但是库克找阿伦特看重的并不是她的技术能力。他说："我们已经有很多这方面的人了。"库克正在找一个能和苹果公司的秘密武器相当的人，这个秘密武器就是技术与人文的结合。库克之所以选择阿伦特，是因为她作为领导者一直以激励团队著称，并且能够和顾客产生共鸣。

阿伦特说，她在印第安纳州的一个小镇上长大，有五个兄弟姐妹，她的同理心就是那时候培养的。她的母亲是一位虔诚的基督徒，父亲是位哲学家。"我父亲过去总对我说，我什么都可以教你，但我无法教你如何感受，我无法教你如何关心别人。"[12]

懂得关怀的品牌拥有健康的文化，它们在客户满意度评分方面的表现优于其他品牌，而且增长率、收入和利润都更高。文化会促进成功，这在全球最受尊敬的公司显而易见，比如苹果、谷歌、维珍、微软、西南航空、星巴克、在线售鞋网站美捷步（Zappos）等等。鼓舞人心的领导者对每个品牌都至关重要。这些公司的创始人或现任的经营者都认为，单靠技术是不够的。他们认为自己的责任是促进社区发展和创造更好的经验。阿伦特曾经说过，人有能力团结他人、建立公司、改变生活。伟大的领导者善于释放人的潜能。

故事与营销危机

80 年来，病号服一直是最丑、最不舒服和最令人尴尬的一种衣服。哈利 · 费希尔 – 赖特是一个医生组织协会的首席执行官，该协会代表着美国近 50% 的医疗服务提供商。哈利 · 费希尔 – 赖特说，医院的医务人员常常开玩笑说，病号服有三种尺码：短款、超短款、不能打弯款。

哈利 · 费希尔 – 赖特在《回归平衡》一书中谈到了 2010 年病号服的时尚变革，当时设计师黛安 · 冯芙丝汀宝与克利夫兰医学中心联手设计了一款新的病号服，采用了舒服的面料、明亮的图案，还符合医生和护士提出的便于检查的要求。美国数十家医院开始效仿克利夫兰医学中心，重新设计病号服，让患者拥有更多的尊严。但是，这么做是为什么呢？一个世纪以来，医院似乎都不关心这个问题。病号服既便宜又耐用。金钱是改变的动机——这次改变的目标不是为了省钱，而是为了赚更多的钱。

2001 年，美国医学研究所发表了《跨越质量的鸿沟》，这份报告呼吁对美国医疗保健系统进行大规模的改革。报告的结论是，根本性的沟通不畅是系统失败的罪魁祸首之一。

2002 年，美国医疗保险和医疗补助服务中心开始制定第一个患者体验国家标准，即《五星级质量评级系统》。2006 年，医院不得不公布自己的评级，患者可以根据满意度得分对医院进行比较。这损害了那些跟不上变化的医院的利益，但与后面的事相比，这种影响微乎其微。美国医疗保险和医疗补助服务中心将医保报销与患者的满意度联系起来。因为有几十亿美元的利害关系，医院有绝对的动力去改善患者的体验。

为了方便患者评价医院，美国医疗保险和医疗补助服务中心用一种容易辨识的星级系统给医院排名。评级共涵盖全国 3 544 家医院，大多数医院（77%）处于平均水平，为三星或四星。只有 168 家医院（不到

5%）获得了令人艳羡的五星。这些医院之所以脱颖而出，是因为它们的领导者懂得清晰、有效、感同身受的沟通所具有的价值。

上面的评级数据来自“住院患者对医护人员和医疗评价量表”（HCAHPS）。该调查问卷包括 32 个问题，每天约有 8 700 名患者会填写这份问卷。其中至少 1/3 的问题涉及沟通技能。例如：

- 住院期间，医生或护士间隔多久会用您能理解的方式给您做些解释？
- 在这次住院期间，医生、护士或其他医护人员有没有和您谈过您出院后是否会得到所需的帮助？
- 在给您开新药之前，医院的工作人员是否会告诉您药的用途？[13]

问卷中超过 70% 的负面分数与沟通不畅直接相关。这是一个很严重的问题，沟通不畅会减少医疗系统的收入，增加患者的健康问题。有效沟通则与更好的健康结果直接相关。哈利·费希尔–赖特写道：“研究证实了我们一开始的直觉。如果医生有时间为患者提供必要的服务——看着患者的眼睛，倾听他们诉说，从他们那里获取信息，把手放在他们身上，与他们感同身受，与他们交流，给予信任，赢得信任，那么患者更有可能采取必要的措施获得健康或保持健康。如果医学的艺术不复存在，那么医疗保健的一切都将变得更加艰难。”[14]

2006 年，克利夫兰医学中心首席执行官托比·科斯格罗夫在哈佛商学院发表演讲时明白了这一点。当时，一名同学举手告诉科斯格罗夫，她父亲最近要做心脏手术，他们考虑过克利夫兰医学中心，因为那里的手术质量很高。但是，他们最终选择了另外一家医院。她说：“我们听说你们医院没有同理心。”

这位学生的评论给科斯格罗夫敲响了警钟。他回到医院后便着手正面解决这个问题。首先，他把医院的座右铭改为“患者至上”。这听起来很简单，但就像苹果公司“丰富人们生活”的愿景一样，它将成为医院未来的努力方向。

随后，科斯格罗夫设立了“首席经验官”这一新职位，负责将数字技术与人情结合起来提高患者的参与度。在他的领导下，克利夫兰医学中心的患者满意度从排名倒数 20% 上升到了美国最受尊敬的医院之一。科斯格罗夫不仅提高了医院的分数，还改变了一种文化。

“在医疗保健领域，沟通技能至关重要。”克利夫兰医学中心首席经验官阿德里安娜·布瓦西博士说，“疾病让我们许多人变得十分情绪化，而临床医生通常处于认知的舒适区。”[15]

克利夫兰医学中心的领导层意识到，沟通技能和任何其他技能一样，可以通过实践不断提高。他们为所有 4.3 万名护理人员（包括医生、护士和行政人员）举办了培训班。在培训过程中，医院的工作人员要学会遵循一个名为 HEART 的“五步沟通模式”。“H”代表“聆听患者的故事”（hear the story）。它提醒护理人员，每位患者都有自己的故事，应该把他们当作独特的个体，而不仅仅是一个生病的人。

为了突出“每个人都有自己的故事”这一主题，克利夫兰医学中心做了一个视频，很快在网上获得了数百万的点击量。视频名为《共鸣：人际关系及患者护理》。[16] 视频一开始，一名医院工作人员用轮椅推着一名男子穿过医院一扇扇的门。屏幕上打出一段文字：“一直担心这次预约，害怕让他等太久。”这时另外一名男子迎面走出医院，配文是：“妻子的手术很顺利，可以回家休养了。”下一个场景是一个坐在椅子上的女士，正在打点滴，她眼神空洞，配文是：“第 29 天，等待新的心脏。”这段视频还录制了电梯、候诊室、术前准备室和医院病房的人。最后，它给所有的医疗服务提供者提出一条建议：“如果你能站在患者的角度，听听他们所听到的，看看他们所看到的，感受一下他们的感受，你会以不同的方式对待他们吗？”

美国医院公司（HCA）是全球最大的一家营利性医疗保健提供商。它覆盖了美国很大的区域，管理着 170 家医院，年收入达 400 亿美元。任何一天，美国每 22 个去看急诊的人中就有 1 人去的是美国医院公司的附属医院。我与美国医院公司的高管见面时，他们正在研究沟通在提高患者满意度方面的作用。如果 10 位患者中有 6 位打高分，那么医院的评级将接近最低点。但是，如果 10 位患者中有 8 位打高分，就足以让医院名列前茅。换句话说，除了大大改善患者的生活之外，只要在 10 位患者中多赢得 2 位的支持，就可能带来数亿美元的额外收入。

从微观层面讲，如果患者和医疗保健提供商之间的沟通更有效，就可以改善患者的体验，让更多的患者更健康，更快乐，同时医院也可以创造更多的收入。从宏观层面讲，更好的沟通技能可以使国家免于金融灾难。经济学家指出，不断上升的医疗保健成本（仅美国每年就需 3 万亿美元）是美国长期财政安全的最大威胁。清晰、善解人意的直接沟通被视为降低成本和提高医疗质量的关键。

事实证明，平衡技术与同理心之间的关系，也就是平衡自动化和沟通之间的关系，这是医疗保健、酒店等众多领域获得五星评级的秘诀。

在一个大数据盛行的世界，我们很容易忽视那些能够产生重大影响的小事。

故事与体验

哈里森可以眨眼间扫视几十家酒店，推荐其中的一家，并完成预订。不过，哈里森可不知道你的孩子想要在迪士尼的灰姑娘城堡前拍照。有一个内部秘密只有经验丰富的旅行代理人才知道：要想将城堡的景色尽收眼底，需要在迪士尼开门前在里面预订好早餐。

哈里森很聪明，但它并不是人。它是一种人工智能工具，是机器学习的产物。哈里森是保罗·英格利希的创意，英格利希创办了颇受欢迎的旅游搜索引擎客涯（Kayak）。他新开的公司洛拉（Lola）总部位于波士顿，是一家通过智能手机应用程序提供旅游服务的旅游公司。

洛拉之所以能够脱颖而出，是因为它将哈里森这样的机器学习工具与提供个性化服务的人类专家结合在一起。哈里森为顾客提供酒店和航班建议，速度快得惊人，这样公司的旅行代理人就可以专心负责有创造性的建议。英格利希将这种新的服务称为“人力旅行”。

2004年英格利希创办客涯时，互联网对传统旅行代理人的需求已经减少，但还没有完全消失。英格利希创办洛拉的目的是将人类交流带回旅游领域。英格利希说，“人的因素”是公司在自动化时代的竞争优势。

在酒店和服务行业，情感共鸣是公司脱颖而出的最重要的因素，在星级评定中，这一点最明显不过了。

美国最大的点评网站 Yelp 有一个大型数据库，每月为消费者与当地商家建立几亿次的联系。自2004年成立以来，Yelp已经收集了超过1.2亿条评论，从餐馆、酒店到沙龙、机械设备，不一而足。

Yelp 上的评分最高为五颗星，一般水平为3.8颗星，这个级别的酒店很干净，但可能缺少一些设施，可能需要很长的等待时间。四颗星的酒店，床更舒适，工作人员乐于助人，设施也更好，比如有游泳池和热水浴缸，这样的酒店干净、舒适、方便。这类评级是可以接受的，略高于一般水平。但本书针对的可不是一般水平，甚或高于一般水平。本书是专门为那些想要脱颖而出，并在生活和事业上进行变革的人写的。对于这些人来说，低于五颗星是不可接受的。

有位数据分析师很聪明，为了更好地了解评级系统，他处理了 Yelp 汇集的大量信息，这些数据都是公开的。他发现，Yelp 上的评论，五星评级都有正面情感的支持，而较低的评级却没有。举个例子，给酒店五颗星的客人会留下这样的评论："等不及想再去一次""喜欢这个地方""很开心""非常友好""服务很棒"。这位数据分析师发现，人与人之间的沟通可以建立情感联系，情感是获得梦寐以求的五颗星的秘诀。这一点医院的领导者才开始学习，而世界顶级的酒店老板早已知晓了。

在美国成千上万家的酒店中，只有不到 1% 获得了 AAA 五钻奖。能够获得五钻奖和著名的《福布斯旅游指南》五星级酒店非常难，它们仅占所有酒店的不到 0.5%。

《福布斯》以其各种榜单闻名于世。该杂志每年都会发布全球富豪榜和美国富豪榜，进入福布斯榜单是声望的象征。作为一个品牌，《福布斯》很小心地保护着自己的评级方法，其令人垂涎的酒店和餐厅五星评级也是如此。不过，通过对酒店领导的采访以及公开的信息，我们对品牌想要获得《福布斯旅游指南》的五颗星所必须具有的最重要品质有了更多的了解。

为了评级，会有专人匿名到酒店住两晚，对 800 个客观标准进行评估。《福布斯》榜单上的四星级酒店已经很好了。四星级酒店的服务和质量都很高，那里床垫舒适，床单柔软，服务专业。五星级酒店的员工则与众不同，他们突破了客户体验的界限，他们亲切、周到、有爱心。他们真的关心客人，会预见客人的需求，会给客人带来惊喜和快乐。服务将四星级酒店与五星级酒店区分开来，出色的服务少不了情感共鸣。

全球仅有 154 家酒店出现在《福布斯》的五星级榜单上，南卡罗来纳州基洼岛的圣殿酒店就是其中之一。这家酒店培训员工要在每次互动中与每位客人建立情感联系。员工要学会：

记住客人的名字。名字可以让互动个人化。员工接受训练，利用记忆窍门记住客人的名字。客人并不是房间号码，而是"约翰逊先生和夫人，还有他们4岁的女儿维罗尼卡”。

主动打招呼。与客人互动的头几秒为余下的体验奠定了基础。圣殿酒店的工作人员在与客人打招呼时会更进一步，他们主动出击，总是先和客人打招呼，主动攀谈，先从桌子后面走出来，或是先说“下午好”。

预见需求。员工接受训练，要在客户想到自己的需求之前预见他们的需求。比如，前台的工作人员可能会根据天气预报预见某个家庭的需求。“天气预报说明天会下雨，您的孩子可以在室内参加一些活动。”与度假的一家人相比，商务人士会有完全不同的需求，他们可能想要知道商务中心的位置或第二天早上举行会议的地点。三星级酒店的员工会满足客人的需求，而五星级酒店的员工会预见客人的需求。

每天讲故事。圣殿酒店各个部门的员工每天会聚在一起开个小会。除了当天客人或活动的基本信息外，他们还会彼此分享故事。这些故事强化了公司的使命和价值观，形象地说明了什么是五星级服务。例如，员工听过这样一个故事：一位客人的汽车电池没电了，一名保安试图启动电池，但发现电池需要更换了。这位客人十分沮丧，因为他整整一天的假期都会被等待拖车和维修汽车浪费掉。看到客人沮丧的表情，这名保安说：“我家附近有一家汽车修理店。我会去取电池给车装上。费用会记在您的房费上。”客人很惊讶，也很高兴，他给这名保安和酒店总经理写了一封很长的感谢信。这样的故事会激励员工找机会为客人提供独特的体验。[17]

当酒店的客人对酒店赞不绝口时，他们很少会说自己多么喜欢这里柔软的床单或美味的食物，他们几乎总是谈论某某员工给他们带来的感受。

本章我们了解了一小部分品牌和领导者如何在平庸中脱颖而出，我们看到了机器胜过人类以及败给人类的地方，我们发现思想无法自我推广。在本书剩下的章节中，我们将听到已经从优秀上升到卓越的人的分享，我们将了解他们为了更上一层楼所采用的沟通技能。

读他们的故事时，你要记住他们都有一个共同的心理习惯，那就是他们对未来及在不断变化的世界中自己所扮演的角色一直持乐观态度。1997 年，加里·卡斯帕罗夫还是世界上最伟大的国际象棋选手。我们都知道那一年他输给了 IBM 超级计算机"深蓝"，这件事让他焦虑不安。2017 年，计算机技术显著进步了 20 年之后（今天的智能手机拥有比"深蓝"更强大的处理能力），卡斯帕罗夫却比以往任何时候都更加乐观。他一直在思考机器能做什么，以及人类在什么方面可以做得比机器更好。机器可以更好更快地完成任务，但这也为人类提供了思考更重要的事情的机会。"机器有计算能力，人类有理解能力。机器有指令，我们有目标。机器是客观的，我们是充满激情的……如果我们失败了，不是因为机器太智能或不够智能。如果我们失败了，那是因为我们太过自满，限制了我们的雄心。有一件事只有人类能做，那就是拥有梦想，所以尽管放大我们的梦想吧。"[18]

下面让我们见见那些拥有远大梦想的人。

第二部分

顶级沟通者

❺

向科学家学习沟通的艺术

专挑有趣儿的东西没什么不对的。

——尼尔·德格拉斯·泰森

尼尔·德格拉斯·泰森每个月都会收到200个演讲邀请，他会接受其中的4个。

他在推特上有1 000万的关注者。

他是主持人史蒂芬·科尔伯特最喜欢的嘉宾。

他的书都极为畅销，书名里可是有“天文物理学”字样的。

他的电视节目在180个国家播放。

尼尔·德格拉斯·泰森不愧为顶级沟通者，因为他可以让有关天体的知识变得非常有趣。泰森在纽约的布朗克斯长大，9岁时曾参观纽约自然历史博物馆的海登天文馆，之后就成了名副其实的追“星”族。虽然泰森那天参观后便离开了天文馆，但宇宙的召唤从未离开他。因为这份激情，泰森获得了哈佛大学物理学学位、哥伦比亚大学天体物理学博士学位，还成了一位知名的科学家。泰森的天赋是能够激发观众，释放他们天性里想要探索未知世界的欲望。

泰森在舞台上和电视采访中都很爱笑。在与这位著名的天体物理学家通电子邮件时，我曾表示他的感染力从某种程度上来说与他对这个学科的热情有关。毕竟，激情是有感染性的，科学已经证明了这一点。泰森同意我的说法，但他说他的热情远远超过了对这个学科的“激情”。[1]他称自己的风格是好奇心的表现。

泰森的好奇心表现得很绝妙。在《给忙碌者的天体物理学》一书中，泰森的第一句话便抓住了读者。“太初之时，差不多 140 亿年前，宇宙的所有空间、所有物质和所有能量都包含在一个极小的空间里，还不到本句话句末的那个句号的万亿分之一那么大。”[2]泰森的方法是把一个复杂或抽象的想法“嵌入大家熟悉的场景”。例如：

> 与太阳系的一些高山相比，地球上的山简直微不足道。火星上最大的奥林帕斯山大约高 2 万米，底部直径近 500 千米。在它的对比下，阿拉斯加的麦金利山看起来就像个鼹鼠丘。[3]
>
> 宇宙中的恒星数量超过了任何海滩上的沙粒，超过了自地球形成以来所过去的秒数，超过了所有人曾说出的话和发出的声音。[4]

在社交媒体上，泰森的帖子会把复杂的内容熟悉化。熟悉的话题往往是一次重大的体育赛事，橄榄球比赛为泰森独特的物理学解释提供了大量素材。比如，2017 年 2 月 5 日超级碗开赛那天，泰森平息了有关废除冥王星九大行星身份的争议：

> 尼尔·德格拉斯·泰森（@Neiltyson）：如果 45 米线上的橄榄球代表太阳，那么地球将位于 13 米线上。冥王星则在 4 万多米开外的地方。忘了它吧。

2015 年，泰森发了一条推文，被粉丝转发了 4 000 次。他说，辛辛那提猛虎队加时赛的胜利部分归功于科学：

> 尼尔·德格拉斯·泰森（@Neiltyson）：今天，猛虎队赢得加时赛进球，很可能是由于地球自转造成的 1/3 右倾。

推特帮助泰森成为一名更优秀的沟通者。“我发的每一条推文都是幽默、沟通、学习、启迪的尝试。关注者的即时响应相当于神经突触拍摄的快照，反映了公众对我的思想的反应。这有助于我调整自己说话的内容和方式，以达到最佳的效果。”[5]

泰森有很多话题是不碰的。他说，这是让科学变得有趣的关键。可以这么说，泰森并没有面面俱到，而是专挑“有趣的东西”提高科学的可理解性，吸引观众去学习更多的东西。他说：“很多话题我都不会碰，因为我还没有找到一种方法让大家完全看懂，甚至只看懂一部分。”例如，“光谱分析、干涉测量或爱因斯坦狭义相对论等主题，你可以问我相关的问题，但是如果我给你讲完之后，你还是困惑地看着我，我们就得拿来纸和笔坐下来好好讲讲了”。[6]

传播科学和其他复杂主题的秘诀不在于“翻译”内容（泰森认为这样做会过分简化知识，降低其专业性），而在于“用热情去解释，必要时将概念与流行文化联系起来。对于流行文化，我们都有活跃的受体”。

泰森最受欢迎的一次公开演讲题为《涉足电影的天体物理学家》。在这次演讲中，他谈到电影《泰坦尼克号》2012 年重新发行时，自己曾说服导演詹姆斯·卡梅隆改变了片尾的夜空。他还指出电影《地心引力》中不准确的地方，从而引发了一场推特风暴。泰森说，《绝世天劫》比其他任何电影“每分钟违反的物理定律都要多”。他在推特上开玩笑说，撞击地球的小行星目标也太令人难以置信了，竟然瞄准了全球大城市的重要建筑。泰森一边关注流行文化，一边关注自己的领域，以此激励观众全身心地进入主题。

泰森因其书籍、演讲、讲座、广播节目、播客和电视节目赢得了美国国家科学院的公共福利奖章。国家科学院表示，之所以将公共福利奖章授予泰森，是因为他“在激发公众对科学奥秘产生兴趣上起到了重要的作用”。这里的关键词是“激发兴趣”。泰森表示，激发公众的兴趣是“任何知道别人不知道但也许应该知道的事情的人的关键技能”。[7] 我们仍有很多东西要学，涉及每个主题，真的，尤其是科学。

泰森认为，重新塑造一个人对宇宙的看法，可以开阔他的眼界，让他接受非凡的想法，同时保持谦逊。他说，通过这种方式，科学传播就有了一个崇高的目标。“一旦我们对宇宙的认识不再扩展，我们就会面临倒退的风险，即有可能回归宇宙围绕我们而转这一幼稚的观点。”[8] 泰森说，在那个“黯淡的世界”，国家和人民互相对抗，因为他们正在保护自己的地盘或利益。当有人提醒世界不围绕他们而转时，种族、民族、宗教、国家和文化等问题在许多情况下都会减少或被消除。

如果我们着眼大局，尘世间的问题就会变小。泰森表示，大局就是我们所有人都是有关联的。天文学家卡尔·萨根也是一位科学传播者。1990 年，他说服美国国家航空航天局在“旅行者号”航天器离开太阳系前给予它最后一项任务。“旅行者号”将摄像头对准地球，在 64 亿千米以外的地方拍下了一张照片。在这张照片中，地球就是一个几乎察觉不到的光点，仅占整张照片的 0.12 像素，这张照片被称为“暗淡蓝点”。它提醒人们，我们在时间和空间中都很渺小，地球并不是宇宙的中心。泰森说，如果我们以正确的方式看待我们在宇宙中的位置，就能获得更大的能力。“因为构成我们每一个人的物质都可以追溯到恒星，人类是特殊的，这不是因为我们各不相同，而是因为我们彼此相似……这是用我们不到 3 斤重的大脑想出来的。”[9]

尼尔·德格拉斯·泰森在敦促我们记住自己的渺小的同时，也激励我们拥有远大的梦想。我们始终需要那些能够让科学通俗易懂、妙趣横生和鼓舞人心的教育者，去激发下一代的探险家和思想家。泰森说，人工智能系统将会让我们的世界变得更美好，但不会取代人类激励他人追求远大目标的能力。泰森解释道：“当牛取代人力或拖拉机取代牛时，社会没有崩溃。当机器人取代汽车装配线上的工人时，我们也幸存了下来。与此同时，当计算机的计算速度超过地球上所有人的脑力之和时，没有人哭泣。当全球顶尖的象棋选手输给计算机后，一切照常进行。此外，当我们的最佳选手在智力竞答节目《危险边缘》中输给计算机时，社会没有崩溃！我们都接受计算机帮助我们驾驶最现代化的飞机。人工智能不是悬崖峭壁，而是我们都活在其中的大环境。我很高兴自己是其中的一员。”[10]

与受众建立联系：故事的语言难度

每隔几年就有成千上万名雄心勃勃的美国人申请世界上最难录取的课程之一：美国国家航空航天局的宇航员课程。2017 年，航空航天局收到了创纪录的 18 300 份申请，结果只录取了 12 名，这比进哈佛大学难上 100 倍。

宇航员的背景各不相同。2017 年共选出 7 男 5 女，他们中有部队飞行员、核工程师，还有博士研究生、海洋生物学家。经过两年的训练，他们将被派往国际空间站或新的“猎户座”飞船进行深空探测。

如果你想成为一名宇航员，至少得有科学、技术、工程或数学专业的学士学位。更高的学位也无妨，被录取的人中近一半拥有硕士或博士学位。如果你申请的是飞行员，则需要至少 1 000 小时的飞行经验，你还需要通过航空航天局长期太空飞行物理测试。如果 25 米的游泳池你可以连游 3 次，那只是个热身。接下来，他们会让你穿着飞行服和网球鞋再游 3 次，然后擦干身体踏上跑步机，背着 45 斤重的背包以每小时近 20 千米的速度跑步。当然，如果你的身高不适合俄罗斯制造的将宇航员送入轨道的“联盟号”宇宙飞船，这一切都无关紧要了。如果你低于 1.57 米或高于 1.91 米，就别想这事了。

那些以自己的经验、体质和高学历为荣的申请人通常没有意识到，航空航天局会根据另外一项关键技能遴选候选人。如果没有这项技能，其他的都不用提了。候选人一递交申请，航空航天局就开始评估这项技能了。脱颖而出并最终选为宇航员的人都擅长书面和口头交流。

“当我们选择宇航员，查看他们的职业发展轨迹时，沟通是重要的一项。”航空航天局的宇航员选拔负责人安·罗默说。宇航员代表着美国太空计划的公众形象。刚被选中没几天，新的宇航员就要举办第一次新闻发布会，他们要告诉全世界他们被选中的原因，并解释他们未来的工作会带来什么实际好处。在地球和太空训练和工作时，他们会与学生、科学家等各式各样的人交流，激发他们对太空探索的兴趣。

除了擅长执行技术任务外，宇航员必须能够与休斯敦的太空航行地面指挥中心以及空间站的国际团队进行清晰的沟通。在紧急情况下，他们的命令必须清晰易懂。宇航员还必须为建造新设备的工程师提供技术支持。罗默说，他们必须能够为改变或改进做出“倡导和沟通”。

宇航员还必须能够激励公众、立法者和下一代探险家，这对航空航天局的未来更为重要。宇航员必须是一位优秀的演讲者，这决定着太空探索的未来。罗默说：“我们要靠他们来激励下一代关注航空航天局现在所做的事以及未来想要做的事。”[11]

让我们回到宇航员的遴选过程。航空航天局的选拔委员会对成千上万份申请进行评审，包括申请人的经验、资历和写作是否逻辑清晰，大约 120 名候选人将受邀到休斯敦进行一周的体检、测试和面试。排名前 1% 的人将被召回参加第二轮面试。

在这一周里，选拔委员会将不断评估候选人的沟通技能。与其他候选人共进晚餐不仅仅代表着友好的问候和聚会。由于候选人来自军事、学术、科学和医学等多个领域，航空航天局负责选拔的官员寻找的是能够与不同背景的人轻松交流的人。

接下来是非常重要的面试。面试的问题可能很简单，但它们是用来识别那些具有说服力、吸引力，能够鼓舞人心的候选人的。例如，选拔委员会经常会问：“你为什么想成为宇航员？”沟通能力好的人会给出三到五个具体的原因，而沟通能力差的人会背诵一长串的成就，给出一个令人困惑、错综复杂的答案。第一轮面试中还有一个常见的问题：介绍一下你自己，从高中开始。通过回答这个问题，会讲故事的人将脱颖而出。他们能够浓缩自己漫长的职业生涯，将其融入一个引人入胜的故事中，同时还能把自己的经历与航空航天局的最终目标联系起来。

凯特·鲁宾斯博士的经验、学位和专业知识足以让她进入面试环节。鲁宾斯 2009 年入选，接下来接受了 7 年的培训。2016 年，她在国际空间站待了 115 天，参加了 275 次科学实验，成为第一个在太空中测序 DNA（脱氧核糖核酸）的人。

鲁宾斯拥有骄人的学位和经验。在获得分子生物学学士学位后，她又拿到了斯坦福大学医学院的癌症生物学博士学位。她曾在麻省理工学院带领一个研究团队研究病毒性疾病，比如刚果的埃博拉病毒。鲁宾斯的实地工作风险很大，她不得不穿上四级生物安全水平的防护服，这种服装能够提供最高级别的防污染保护。她接触的是可以通过空气传播的病毒，这种病毒具有致命性，而且没有疫苗或治疗方法。她拥有成为宇航员所需的经验和资历，但沟通技能才是她的与众不同之处。

鲁宾斯是美国国家航空航天局的明星，因为她把科学从太空带到了地球。

所有在空间站工作的宇航员做科学实验之余，都要经常接受现场采访。鲁宾斯是一位能够用观众熟悉的语言传递信息的大师。有一次，一个中学生问她要学什么才能成为宇航员。鲁宾斯的回答是这样的："我们要学习很多东西才能成为宇航员。对我来说，最有趣的就是学习飞行，还有我们在空间站上所做的各种工程和机械工作。我们必须学习很多东西。有时候，学这么多新东西有点儿困难，但学习新事物和新发现真的很有趣。"[12]

我把鲁宾斯的回答粘贴到一个衡量文本难易程度的软件中，结果级别显示为六。换句话说，初一的学生应该能够读懂并理解这段话的内容。

鲁宾斯根据受众改变自己的语言。在与美国国立卫生研究院的生物医学研究人员进行讨论时，鲁宾斯先解释了她如何在微重力环境中制备用于测序基因组 DNA 的样品。她谈到了这次在空间站研究的数据、RNA（核糖核酸）表达和表观基因组染色体端粒缩短。这些话题可不是大多数学生或美国人关心的，也不是他们能理解的。她既能与初一的学生谈得来，也能和资深的生物医学科学家交谈。

一个优秀的沟通者能够让科学家以外的人理解科学信息，一个伟大的沟通者能够引起受众的关注。对于普通受众，鲁宾斯总是明确表示，空间站上的研究不仅有利于未来的火星宇航员，而且对改善地球上人类的健康也具有实际意义。她在接受美联社的采访时说："我们在空间站所做的一切都有助于我们了解人类如何在太空生活……同时也有利于地球上的研究。我们在太空那么偏远的环境中做实验，有利于我们了解这些技术将如何在地球上无法获得良好医疗保健的偏远地区发挥作用。"[13] 美联社的记者属于普通人的行列。鲁宾斯像尼尔 · 德格拉斯 · 泰森一样，把要讲的内容放在熟悉的场景中，根据受众的水平与他们建立联系。

唐·佩蒂特是一名化学工程师，他很喜欢玩流行的手机游戏《愤怒的小鸟》……不过，是在太空。美国国家航空航天局选中佩蒂特，不仅是因为他的资历和经验，还因为他可以让科学变得很有趣。佩蒂特说：“《愤怒的小鸟》可不是什么随便的视频游戏。它与轨道、速度和加速度有关。你是把小鸟当作炮弹射出去的。”当时，他正在距离地球近 400 千米的太空失重漂浮着。[14] 佩蒂特宣布了航空航天局与《愤怒的小鸟》的开发商 Rovio 之间的合作关系。《愤怒的小鸟太空版》要求玩家使用基本的物理知识过关。在空间站，佩蒂特在弹弓中放了一只“红色的小鸟”（游戏中的主角之一），以演示它在太空中的飞行轨迹。它飞得很直，在地球引力的作用下，轨迹则是弯曲的。他解释说：“宇航员需要思考这些事情，因为如果你在火箭里，试图与国际空间站会合，你的轨道是弯的。你需要知道如何点燃火箭发动机，这样你才能从你所在的位置到达你想去的地方。”

“我们要靠佩蒂特这样的宇航员来激励下一代关注航空航天局现在所做的事以及未来想要做的事。”[15] 罗默说，“优秀的宇航员可以把科学或复杂的问题解释给像我这样不是很懂科学的人听。”

如何用 TED 演讲的方式公布科学发现

美国国家航空航天局不仅仅依靠宇航员等科学家说服公众支持它的任务。因为不能做广告，航空航天局设计了很多创新的方法来推广它的故事。这些方法包括营销和社交媒体、公共关系、视频和平面设计、讲故事和有说服力的公开演讲。

2017 年 2 月，天文学家利用航空航天局的斯皮策太空望远镜在一颗名为“TRAPPIST—1”的恒星周围发现了七颗地球大小的行星。航空航天局为此召开的新闻发布会相当于一堂大师课，告诉我们如何向广大观众传达复杂的信息。

这次发布会以简洁、语言和图片著称。

简洁

这次关于“TRAPPIST—1”的演讲共 18 分钟，与 TED 演讲的时长相同。研究表明，一次性提供过多的信息会导致“认知积压”，简单说，就是我们的短期记忆库很快就饱和了。TED 大会发现，18 分钟的时间刚刚好，可以进行实质性的讨论，同时不会让听众打瞌睡。航空航天局也坚持使用同样的 18 分钟原则。

语言

如果两位天文学家在走廊相遇，其中一位不会对另一位说：“我们在距离地球 40 光年远的适居带发现了七颗地球大小的行星。”[16] 天文学家可能会说：“在距离地球 12 秒差距的超冷矮恒星 TRAPPIST—1 周围，有七颗气候温和的系外行星，其凌星动态非常符合大气层的形态。”

两种解释都准确无误，而且都用于宣布七颗行星这一激动人心的发现。不过，两种解释分别针对不同的受众。第二种更复杂的科学解释出现在学术界的论文中，第一种解释虽然也是这些科学家提供的，但面对的是我们这些普通人。

美国国家航空航天局的新闻发布会旨在向公众传达信息，所以找不到术语的影子。这次关于“TRAPPIST—1”的新闻发布会共有五位发言人，他们都接受了如何传达信息的培训。下面引用的话大多不会出现在科学论文中，但它们在新闻发布会上发挥了重要的作用。科学家不会用这种方式与同行交谈，但当他们需要激励公众时就会这样做。例如：

> 这次发现表明，要找到第二个地球不是能不能的问题……而是时间问题。
>
> 我们在同一颗恒星周围发现了不是一两颗行星，而是七个地球大小的行星。这是第一次在同一颗恒星周围发现这么多地球大小的行星，其中三颗位于适居带。适居带也被称为“古迪洛克带”（Goldilocks Zone），其中可能存在液态水。
>
> 以光的速度我们 39 年能够到达“TRAPPIST—1”，坐喷气式飞机需要 4 400 万年。
>
> 我们在其他星球寻找生命方面取得了巨大的进步……在这个行星系，适居带有很多姐妹。[17]

适居带有很多姐妹？这可不像科学家说的话，而是像想要点燃我们想象力的领袖说的话。这句话的效果达到了。

图片

美国国家航空航天局还提供了可以免费下载的高质量照片和视频动画。下载最多的照片可不在科学论文所采用的照片之列，这张照片以艺术的形式展现了漂浮在太空中的一个篮球和一个高尔夫球。篮球代表太阳，小小的高尔夫球代表超冷矮恒星“TRAPPIST—1”。事实上，航空航天局这段 18 分钟的演示涵盖了彩色照片、精美动画，以及从这些新发现的行星表面看天空所呈现的华丽的艺术效果图。

航空航天局的科学家是太空探索领域的专家，也十分擅长与古老的大脑进行沟通。如果你口头传递信息，听众可能会记住 10% 的内容，如果加上图片，这个数值会飙升至 65%。

“宇宙中只有我们人类吗？”科学家和宇航员想要回答这个问题。他们想要探索恒星，造福地球上的生命。如果他们的事业终止了，一切都不会实现。为了继续下去，美国国家航空航天局需要让公众相信它的工作与他们有关。航空航天局掌握了说服的艺术，让我们因科学而激动，让我们的想象力飞扬，并激励我们探索未知的世界。

4 分钟让人听懂高深科学

瑞典一项科学家竞赛的创始人安德斯·萨尔曼说：“留在抽屉里的科学无人受益。”[18] 2012 年，萨尔曼创立了一年一度的研究人员大奖赛，比赛和《美国偶像》类似，但对象是科学家。作为全国性比赛，研究人员大奖赛共有九个赛区，分别在大学和科学中心举行。科学家有 4 分钟的时间向评审小组陈述他们的研究，评审小组由专家、记者和普通观众组成。入围者将受邀去斯德哥尔摩参加总决赛。

在 4 分钟的陈述中，评委将根据科学家的说话特点、信息结构和内容，以及整体表现进行评判。表现突出的人可以浓缩他们的研究，让非技术人员听懂。获胜者会受到关注，脱颖而出，勇往直前。2014 年的获奖者安德烈亚斯·奥尔松研发了一种用于治疗早产儿的无菌针头技术。现在，这种方法已在瑞典各大医院得到普及。大奖赛的目的是提高科学传播的形象和地位，展示瑞典科学研究的广度。

获奖的陈述使用了本书第三部分将要介绍的许多技巧。科学家的陈述很有意思，很直观，而且简单易懂。故事掺有情感，科学家最初不愿意加入情感，直到他们看到情感为自己的实验注入了活力。科学家需要就他们的研究讲一个简短的故事，一个有着传统结构的故事，包含开头、高潮和结尾，这个结构已经经过了时空的考验。最重要的是，这个故事必须让听众相信这项研究的益处，让对这个领域一无所知的其他学科的人有一个清晰的理解。

这项比赛旨在发掘那些能够在多元环境下不断进步的科学家，这种合作方式是当下复杂科学所需要的。在科学领域，跨学科研究汇集了来自不同领域和学科的专家，他们拥有不同的价值观、假设和方法，他们要组成一个团队展开研究。“沟通比以往任何时候都更重要，因为我们要让物理学家、社会科学家、生物学家共同合作。”[19] 萨尔曼说，“以前他们会独自完成某个项目，忠于自己的学科。现在，科学界正朝着开放科学、开放获取和开放数据的方向发展。”能够在跨学科环境中顺畅沟通的科学家能为团队带来最大的价值，为研究吸引最多的关注。

认知心理学家仔细研究过这个问题。认知科学教授史蒂文·斯洛曼和菲利普·费恩巴赫表示：“人类是有史以来最复杂、最强大的物种，原因不仅在于个人的思想成果，还在于大家的集思广益、协同工作。如今，知识的相互依赖超过了以往任何时候。许多科学领域都涉及很多学科，所涵盖的知识十分广泛，某个领域的科学家不可能掌握科学研究所需的所有知识。科学家比以往任何时候都更加依赖彼此的工作……一位强有力的领导者知道如何激励整个团队，并利用团队成员的知识。”[20]

人工智能科学家内尔·雅各布斯坦说：“如果不跨学科，成本会很高。激励别人，点燃他们的想象力，号召他们采取行动，这些都属于罕见的技能。”[21] 雅各布斯坦在著名的硅谷智库奇点大学负责人工智能。他是一位备受欢迎的科学传播者，因为他能让领域之外的各类观众明白复杂的人工智能问题。很多人都想听他讲那塑造我们未来的呈指数级发展的技术。公司高管愿意花 1.2 万美元参加奇点大学为期 7 天的课程，从雅各布斯坦、奇点大学联合创始人彼得·戴曼迪斯以及未来学家雷•

库兹韦尔那里获得新的见解。

雅各布斯坦采用类比的方法描绘了技术的发展以及它改变未来的速度。他说："我们所有人都面临着一个共同的问题。信息正如海啸般向我们涌来，在这种信息处理的压力下，我们的大脑并没有进化。人类的大脑 5 万多年都没有重大升级了。"[22]

雅各布斯坦呈现信息的方式，人脑很容易理解，即使没有升级也可以理解。举个例子，他告诉我人工智能和认知系统等技术正呈指数级增长，而人类的思考方式是线性的。他解释说："我尝试从听众的角度而不是我的角度开始。大多数听众对未来有所期待，期待未来一步步地进步，像 1、2、3、4、5……但指数级增长完全不同，它从 2 到 4 到 8 到 16 到 32，以此类推。如果按照线性思维，我走了 30 步，我们可以预测我会到达哪里。我最终会在 30 米远的位置。但是，如果按照指数级计算，我就在 10 亿米开外的地方，相当于绕地球 26 圈。差别真的非常大，不是人们能直观感受到的。"[23]

雅各布斯坦认为，如果我们无法理解呈指数级发展的技术改变未来之快，我们就无法塑造未来。在线性世界，21 世纪将迎来 100 年的进步，而在指数级世界我们会看到 2 万年的进步。雅各布斯坦的演讲有助于人们弥合知识差距。

"目前，如果你打开人脑，其表面大概有一张餐巾纸那么大。"雅各布斯坦用另外一个有力的类比解释道，"最终，我们能够制造的人工新大脑皮质有桌布或一间大房子那么大。由于人类获取知识的加速，我们需要这种处理能力。"[24]

人工智能会为我们的世界增添价值。雅各布斯坦研究了 360 多种人工智能的实际应用，他说，人工智能让更多的不可能变为可能。这项技术增强了人类的技能，帮助我们快速解决复杂的问题。它将影响我们能想到的每个领域，音乐、交通、医学、法律、制造业、海洋学、微生物学、政府、生态学、教育，甚至艺术。“人工智能将会给这些领域带来巨大改变。”雅各布斯坦说。[25]

“人类要扮演什么角色？”我问他。

“计算机可以学会读懂人类的情感，但它们没有人类那样的情感。这是一个非常重要的区别。”

“对世界负责的是人类，管理世界的也是人类。良好的沟通技能会让人们脱离目前的状况，大家共同努力，有计划地为每个人创造更好的生活。”雅各布斯坦表示，我们可以教机器读懂面部表情，这是一种模拟的同理心。但是，要鼓励别人大胆地建设未来需要人类独有的同理心。“最重要的信息并不是那些激励你做简单事情的信息。最重要的信息能激发你最大的潜力，这并不容易做到，虽然很难，但还是值得去做。”

6

创业者的沟通课

沟通是创业者最重要的技能。

——理查德·布兰森

凯特琳·格里森认为，医疗保健行业仍困于互联网时代到来之前的落后境地。医生需要核实患者的保险时，会让前台给患者打电话。这是格里森的创业公司 Eligible 打算解决的一个问题。29 岁时，格里森入选《福布斯》的“30 位 30 岁以下精英”榜单，他们致力于重塑医疗保健领域。

退回不到 10 年前，格里森可不像能够彻底改革医疗技术领域的人。她当时是名演员，在纽约长岛州立大学石溪大学学习戏剧艺术。虽然梦想着有一天可以征服百老汇的舞台，但她不得不挣钱生活，所以格里森在一家医疗创业公司做起了销售代理。这家公司名为 DrChrono，是一家为医疗行业提供网络服务的公司。格里森在舞台上轻松自如的表现给公司的创始人留下了深刻印象，他们邀请她加入争取 Y Combinator 投资的展示，这家选择苛刻的投资公司我们在第 4 章介绍过。DrChrono 赢得了令人垂涎的投资，这一成就在创业界较为罕见。

格里森不是这家公司的创始人，事先也不了解医疗保健。然而，这次经历激发她更为深入地了解这个领域。一年后，也就是 2012 年，她在旧金山的一间公寓创办了自己的公司。她决定再次竞争 Y Combinator 的投资，这次的身份是创始人。她拿到了申请名额，随后筹集了 160 万美元。如今，Eligible 拥有 50 名员工，是美国一家领先的医疗保健账单管理公司。

风险投资人斯科特·哈特利在《文科生和理科生》一书中写道："她（格里森）认为自己的社交技巧、自信和销售天赋很大程度上归功于她的表演经历。表演工作有助于她了解如何为公司创造一个引人注目的故事，这对于说服投资者提供支持至关重要。"[1]

读了格里森的故事后，我联系了哈特利。作为投资者，哈特利已经看过 3 000 多家创业公司的公开展示。他的经历强化了本书的主题：那些掌握了古老的说服艺术的创业者更有可能被发现，更有可能获得成功，拿到资金。

哈特利说："随着技术的不断进步，培养我们的人性，特别是文科所培养的软技能，将是确保就业的最佳方法……要找到我们面临的最大问题的解决方法，我们既需要了解人类背景，也需要了解代码；既需要道德，也需要数据；既需要深思熟虑的人，也需要深度学习的人工智能；既需要人类，也需要机器。"[2]

拉贾伊·巴特尼吉博士是医疗保健行业一家创业公司的联合创始人。这家公司的使命是为人工智能和人类建立联系。作为一名创业者，巴特尼吉博士把文科和理科结合起来。

越简洁的故事越有力量

拉贾伊·巴特尼吉在斯坦福大学学习历史，并获得了加州大学旧金山分校医学学位，随后拿到马歇尔奖学金就读于牛津大学。每年 30 名美国学生中会有 1 名获此奖学金赴英学习。马歇尔奖学金的申请成功率仅为 3%，是针对美国人的最著名的奖学金之一。

2013 年，巴特尼吉的朋友阿里 · 迪亚卜感觉腹部剧烈疼痛。扫描显示他有生命危险：肠子搅在了一起，切断了血液供应。紧急手术救了他的命，但像许多美国人一样，阿里与保险公司争执了很长时间，因为保险公司拒绝支付大部分费用。巴特尼吉告诉他的朋友，这种经历很典型。患者的支持者只有他们自己，他们几乎不可能从保险公司那里得到明确的答案。这两位朋友决定根据自己的经验和专业知识来解决美国人支付医疗费用的问题。

如今，阿里 · 迪亚卜是联合健康公司（Collective Health）的首席执行官，这家公司的目的是让员工医疗保险计划不再复杂。巴特尼吉是该公司的联合创始人兼首席健康官。我与巴特尼吉聊天的时候，《华尔街日报》已经把他的公司评为 2017 年第二个最值得关注的科技公司。

巴特尼吉说："信任是我们的最大本钱。我们通过易懂、简单和熟悉的沟通赢得了信任。"[3] 联合健康公司的保险材料，三年级的学生都可以读懂。没错，是三年级，不是八年级，甚至不是五年级……就是三年级。

"我们会充分考虑人们所处于的认知水平。"巴特尼吉告诉我，"大多数人不怎么懂保险术语。我们用三年级的阅读水平定义每个术语。我们不会假设他们明白费用分摊是怎么实现的，或是计划是怎么运作的，我们用的是他们能够听懂的语言。即使是三年级的小学生，也很容易理解我们所有的书面材料，我们是故意这么做的。"

巴特尼吉这么做是有道理的。2013 年，《健康经济学杂志》发表了一项研究，发现消费者并不像他们想的那样明白保险条款。这项研究由卡内基梅隆大学的一位健康经济学家带领，共召集了数百名享有雇主医疗计划的人，受试者被问到四个问题，以衡量他们对“免赔额”和“共付医疗费”等基本条款的理解。只有 14% 的人四个问题都答对了（就是猜测作答，准确率也有 20%）。[4]

来自十几所知名大学的 13 位学者共同开展了此项研究。他们得出结论，简单的语言能带来更好的决策和更好的健康结果，因为误解基本术语会导致严重的后果。当一个人不理解他的选择时，他就会维持现状，认为这可能并不是满足自己需求的最佳医疗计划。

要读懂联合健康公司所写的材料，不需要有博士学位。例如，免赔额的定义是：在保险开始支付之前，您需要预先支付的金额。[5] 这个定义的可读性适合小学二年级的学生。没有副词，没有被动语态，没有难懂的词。对于一个让许多医疗保健服务对象感到困惑的术语，这是最简单的解释了。

服务中心的代表（他们称作“会员支持者”）都接受了使用简单语言的培训。例如，巴特尼吉不会说：“我们会激励专职会员支持者去解决他们遇到的会员所关心的每一个问题。”[6] 相反，他会说：“我们的专职会员支持者随时准备回答您碰到的问题。”前一句话的可读性等级为十四，而后一句话的等级是八。此外，“随时”而非“激励”这样的词语更符合人们的交谈。根据巴特尼吉的说法，使用行话和正式语言会远离会员所习惯的语气。

巴特尼吉并不是搞技术的，但他具有一个竞争优势，他知道亚里士多德很久以前教给我们的东西：如果人类大脑必须使劲儿转动才能理解某个信息，它就不会被说服。巴特尼吉的公司将数据、人工智能和预测分析与同理心和简洁性相结合，以此奠定了自己的领先地位。“作为医生，我们是依靠数据和实证的，但是要想让数据起到临床效果，我们要将它与人性结合起来。当某个人在重复我们说的话以及他为什么应该这样做时，我们要把手放在他的肩膀上。”

我和巴特尼吉交谈的时候，联合健康公司已经获得了 1.5 亿美元的风险投资，雇用了 260 名专业人员，为 7.7 万人提供健康福利。清晰的沟通造就了这一切。

故事的变现力

当联合利华以 10 亿美元的价格收购美元剃须俱乐部（Dollar Shave Club）时，专家表示这家位于南加州的创业公司虽然也是一家没有实体店的公司，却创造了把东西直接卖给消费者的新方式。他们的评论没错。同时，这也是新一代创业者说服消费者重新考虑品牌忠诚度的一个例子。

这家公司被收购的那周，我和戴维·帕克曼有过一次交谈。帕克曼是 eMusic.com 的前首席执行官，也是文洛克创投公司的合伙人。文洛克是美元剃须俱乐部第一个主要的投资方。像许多人一样，帕克曼第一次看到美元剃须俱乐部的创始人迈克尔·迪宾是在网上疯传的一段视频中，正是这段视频让这家创业公司出了名。迪宾在视频中说他们的刮胡刀超级棒。这段视频在 YouTube 上发布后，三个月内的观看次数就逼近 500 万。

迪宾对市场的把握给帕克曼留下了深刻的印象。他找到一个切入点，可以颠覆某个产品领域。很多顾客都发现这种产品太贵了，想要看一下也是十分不便（凡是不得不让店员打开锁剃须刀的玻璃柜的人都能明白这一点）。帕克曼说，迪宾还发现了传统消费企业的另外一个重大漏洞：它们用传统媒体传播信息，而消费者则生活在社交媒体中。“当传统品牌还在用电视广告向顾客宣传产品时，迪宾已经凭直觉知道如何把内容和对话当作营销工具了。”[7]

正如帕克曼所解释的，树立一个“会交谈的品牌”不只是在公司的脸书或推特账户上发布一下电视广告。“交谈的意思是了解顾客并与他们建立联系”，美元剃须俱乐部从一开始就是这么做的。

例如，除了迪宾的搞笑视频之外，美元剃须俱乐部的员工还制作了很多有趣、前卫的视频。最重要的是，这些视频用的都是我们平常对话的语言。在一个名为《让我们谈谈大号》的视频中，迪宾推出了一款很多传统品牌都小心翼翼地称为“可冲洗湿巾”或“清洁布”的产品。在一段被观看了 350 万次的视频中，迪宾把他的产品称作“男士专用擦屁股湿巾”。你为什么需要这款产品呢？“因为你不是动物，不管你现在用的是什么，这件事我们一直都在做……用 One Wipe Charlie 湿巾，擦干净，继续你的生活。”这段视频很短，很令人震惊，很露骨，也很容易被分享，它成为社交媒体上的热门视频。

创业者迈克尔·迪宾用他的沟通技能打动了投资人，而这门技能经过了两份工作的不断打磨：新闻制作人和单口喜剧演员。

作为数字新闻制作人，迪宾学会了如何创作能与观众产生共鸣的内容。他说：“当你开始创业、分享一个新的想法时，如果你能让人们记住它，那么成功的概率显然会更大。”[8] 迪宾还在纽约市正直公民剧团学习过即兴喜剧。他曾经将自己规划、编写和展示商业案例的能力，以及用幽默视频与人们建立联系的能力归功于 8 年的即兴创作课。迪宾说：“用音乐的方式呈现内容，人们往往容易记住，而喜剧就是音乐的一种形式。”

帕克曼说：“在这个社交媒体不断分散人们注意力的时代，作为品牌，你必须善于用对话的方式与人们交流，你必须拥有他们想看的好内容，否则他们不会听你的。”[9] 凭借数字时代的沟通技能，迪宾创造出人们想看的内容，更重要的是，他创造出人们想与朋友分享的内容。

美元剃须俱乐部用了 5 年的时间夺取了 5% 的市场份额，而这一市场曾被吉列统治了 115 年。帕克曼说："吉列不知道顾客对它的看法，而且一点儿都不在乎。这家公司不知道，是因为从未与顾客交谈过。"[10]

帕克曼说，美元剃须俱乐部的成功教会我们很重要的一课，那就是把社交媒体当作构建内容和对话的工具。在过去 100 年的大部分时间里，消费者可以读的报纸杂志以及可以看的电视频道都不多。吉列就是在这样的环境中繁荣发展了 115 年。但是时代已变，我们的观看习惯也一样。帕克曼说："因为互联网和移动电话的出现，我们的注意力已经从传统的单向广播媒体转移到强调对话的社交媒体。"[11]

作为创业者，迈克尔·迪宾的技能恰逢其时，他利用了社交媒体的趋势，即倡导真实性、共享内容以及品牌与顾客之间进行双向对话的趋势。美元剃须俱乐部的社交媒体平台，包括照片墙、脸书和推特，主打真实顾客的故事，邀请顾客不断提供反馈，鼓励他们与品牌保持联系。

迈克尔·迪宾、拉贾伊·巴特尼吉和凯特琳·格里森都是顶级的创业者，他们的软技能帮助他们从根基牢固的竞争对手中脱颖而出。

单就美国而言，每年会有 60 万家创业公司。这些公司只有 5% 会获得风险投资。风险投资家会精挑细选，因为他们要给处于种子期的公司平均 260 万美元的高额投资。他们也很清楚其中很多投资都会以失败告终，所以每看过 400 个创业方案才会投一个。美国的顶级投资人表示，掌握了说服艺术的创业者更有可能克服将会面临的巨大挑战：让别人支持自己的创意，增加收入，吸引顾客，招募、留住并激励最优秀的员工，筹集更多的资金。

七大风险投资人投资的都是故事

《纽约时报》与国际著名创投调研机构 CB Insights 共同发布了全球

风险投资人 20 强榜单。[12] 其中上榜的很多人都认为沟通技能在创业者的最终成功中扮演了重要角色，并对此发表了著名的言论。

比尔·格利："会讲故事的人有着不公平的竞争优势。"

标杆资本（Benchmark Capital）是美国订餐网站 GrubHub、OpenTable 和优步的投资方。它的合伙人比尔·格利倡导在向投资人做展示时要使用幻灯片。格利说，幻灯片有助于投资人评估创业者传递想法的能力。他在一篇名为《支持使用幻灯片》的文章中写道："投资人不仅仅在评估公司的故事，还在评估你讲故事的能力。"[13]

格利表示，以讲故事吸引人的沟通者有几个优点。他们"招人招得更好……是新闻界的宠儿……更容易筹到资金……与业务开发人员建立密切的伙伴关系。他们将建立强大而有凝聚力的企业文化"。

克里斯·萨卡："讲故事是我们做的所有事情的核心。"

克里斯·萨卡是一位很有影响力的投资人。通过控股公司 Lowercase Capital，他管理着 80 多家创业公司和成熟企业。他最出名的是对推特、优步、照片墙和众筹平台 Kickstarter 的种子投资和早期投资。萨卡说，创始人必须擅长讲故事。"唯有通过讲故事，你才能筹到钱，招到人，留住他们，与媒体对话。讲故事是我们在这一领域做任何事情的基石。"[14]

杰夫·约尔丹："每一位伟大的创始人都能讲一个好故事。"

约尔丹曾是网上订餐平台 OpenTable 的首席执行官。作为风投公司安德森·霍罗威茨的合伙人，他领投了爱彼迎的 B 轮融资。约尔丹也在寻找具有那种神秘品质的创业者，也就是能够讲出引人入胜的故事的创业者。约尔丹曾说："每一位伟大的创始人都能讲一个好故事。这是具有说服力的创始人应该具有的关键品质之一。"[15]

约尔丹的底线是，如果一个创业者不能围绕一个强有力的故事传达吸引眼球的信息，那么想要吸引投资者、员工和媒体报道就更加困难了。

林君睿："文化对于扩展业务和团队来说非常非常重要。"

在进入红杉资本转做风险投资人之前，林君睿与首席执行官谢家华一起创办了美捷步。围绕着"用服务打造惊喜"，美捷步创造了一种非凡的文化。林君睿在斯坦福大学的一堂课上说过，领导者的一个重要职责就是始终把公司的文化和使命放在重要的位置，并经常进行沟通。如果领导者将文化融入日常习惯，公司会在很多方面受益，比如财务绩效指标、客户忠诚度、员工留任等。林君睿说："我相信你能找到世界上最聪明的工程师，但如果他们不相信公司的使命，他们就不会全心全意地投入其中。"[16]

弗雷德·威尔逊："尽快让对方加入交谈。"

弗雷德·威尔逊是纽约市联合广场创投公司（Union Square Ventures）的创始人，这家公司曾给推特和易集（Etsy）公司投过资。他曾说，在给投资者做展示的时候，他希望创业者使用"放线钓鱼"的方法，一开始就用一个大胆的想法吸引住他们。毕竟，花太长的时间讲述背景故事"不是什么好主意"。威尔逊不希望听到你从毕业后都干了些什么，你要开门见山，直奔主题。

威尔逊还建议要简明扼要。例如，创业者在风险投资者面前做展示时一般会用到 20 页或更多的幻灯片。威尔逊认为，介绍新想法时最理想的幻灯片页数应该是 6 页。他在一篇博客文章中写道："像生活中的许多事情一样，融资幻灯片也适用'少即是多'的道理。你可以介绍无聊的细节，或是激发投资者的想象。猜猜哪个效果更好？"[17]

迈克尔·莫里茨："能将信息深深印在别人的脑海里是一种罕见的技能。要做到这一点，这条信息必须令人难忘，清晰生动，并具有情感因素。"

迈克尔·莫里茨曾投资谷歌、雅虎、贝宝、爱彼迎、领英等著名公司。我采访这位来自红杉资本的知名投资者时，谈到了伟大的领导者都是如何激励其他人的。对莫里茨而言，清楚明晰最为重要。他告诉我说："如果不能清楚地说明前进的方向，你就无法带领一个人，更不用说一个团队或一个组织了。"[18]

玛丽·米克尔："从小到大我一直相信一个人可以有所作为。"

米克尔以发表每年一次的互联网形势年度报告（《互联网发展趋势报告》）而闻名于世。在摩根士丹利做分析师的时候，她也扮演了重要的角色，帮助谷歌、网景和旅游服务网站 Priceline 顺利完成了首次公开募股。如今，作为硅谷风险投资公司凯鹏华盈（KPCB）的合伙人，米克尔担任借贷俱乐部（Lending Club）、移动支付公司 Square 和电子签名（DocuSign）的董事。

米克尔认同凯鹏华盈的传奇风险投资人约翰·多尔的观点：伟大的领导者都能清楚地表达强大的使命宣言。多尔曾告诉斯坦福大学商学院的学生，他宁愿给传教士投资，而不愿给雇佣兵投资。他解释说，雇佣兵“渴望的是金钱”，而传教士“渴望的是生命的意义”。[19]

米克尔认为，传教士一直以吸引和激发听众的方式传达他们的伟大思想。她在一次采访中说：“在我看来，谷歌的使命强而有力——整合全球信息，使人人皆可访问，并从中受益。我们当时参与了谷歌的首次公开募股，我不得不问自己‘我们要加入吗’，我们可以说不。但是，我记得我心里想‘天哪，他们也许可以做到’。”[20]

米克尔发现，鼓舞人心的领导者会赋予公司颇具吸引力的使命。她的这一发现说明，关键的沟通技能会将伟大的创业者与优秀的创业者区分开来。

乔布斯的魔力演讲

蒂姆在高中和大学期间一直努力寻找自己的目标。他取得了一项又一项的成就，但在生活或事业上并没有找到任何实际的意义。他说：“这让我特别痛苦。”蒂姆用了15年的时间在这个世界上寻找自己的位置，最后遇到了一位名叫史蒂夫·乔布斯的企业家。蒂姆回忆起他们第一次会面时的情景。“他想要让那些疯狂的人掌握自己的命运，包括那些不合群的人、叛逆的人、制造麻烦的人，以及那些格格不入的人。”[21] 蒂姆找到了自己的家，他第一次觉得“自己与内心深处想要为更伟大的目标服务的渴望联系了起来”。

苹果公司首席执行官蒂姆·库克在2017年麻省理工学院的毕业典礼上讲了这个故事。“技术能行伟大之事。”他说，“但是，它并不想成就伟大的事，它什么想法都没有。这部分需要我们人来填补，需要我们的价值观以及我们对家庭、邻里和社区的承诺，需要我们对美的热爱以及我们相信所有的信仰都是相互联系的，需要我们的正直和善良。我并不担心人工智能会让计算机像人类一样思考，我更关心的是人像计算机一样思考，没有价值观，没有同理心，不在乎后果。”库克表示，科学就是在黑暗中摸索，而人文学科则是蜡烛，告诉我们曾经的位置以及未来的方向。

蒂姆·库克遇到一个梦想家，由此改变了自己的一生。拥有亿万身家的企业家理查德·布兰森说：“我们都应该有梦想，并鼓励别人找到自己的梦想。梦想是上天赠予人类的最伟大的礼物之一，它捍卫愿望，激励创新，引领变革，推动世界向前发展。”[22]

布兰森认为，伟大的梦想家可以改变世界，但他也表示梦想需要一个强有力的说服者为它争取支持者。布兰森自己打理博客和推特，每个字都是他自己写的。他的大部分建议都以他对思想传播的看法为中心。布兰森倡导从小学开始培养学生的说写能力。他坚信，如果没有说服别人的能力，要成为一名成功的创业家几乎是不可能的。布兰森拥有 50 年的创业经历，他认为伟大的创业者都擅长沟通。“我认为沟通是任何创业者所能拥有的最重要的技能。沟通让这个世界持续转动，沟通促进了人与人的关系，沟通让我们学习、成长和进步。”[23]

布兰森的控股公司大约有 400 家，有 7 万名员工。创业者要想在这个技术日新月异的时代不断发展需要什么样的技能？对于这个问题，布兰森有自己独特的看法。

阿联酋：比石油更贵的是故事

阿拉伯联合酋长国的迪拜和阿布扎比的统治者看到了全球化的趋势，并且迫不及待地培养未来的创业者。有一次我参观阿联酋的几所大学，听到那里的管理者公开谈论创业精神而非石油才是国家未来进步的动力，我感到很震惊。

迪拜是一个对比鲜明的城市。全球最高的建筑旁边可以看到沙丘和贝都因人的帐篷，马路上可以看到骆驼和豪华汽车。1958 年，阿布扎比发现了石油。如今，单单这个城市就拥有全球6%的已探明石油储量。

我访问阿联酋的那一周，阿布扎比王储谢赫穆罕默德·本·扎耶德在一个由 3 000 名年轻人参加的会议上发表了演讲。他告诉这些年轻人，他们国家的财富不在地下，而在于人们的才能，当最后一滴石油用完时，他们将领导这个国家。谢赫穆罕默德说："你们必须比我们这一代强……这一点别无选择。"[24]

随着该地区从石油经济向知识型经济转变，它将需要新一代的工程师、科学家和专业人士，他们需要具备在未来 50 年保持全球竞争力的技能。谢赫穆罕默德说："我们应该了解其他文化、顾客和传统，因为在接下来的 25 年，你们将不得不与其他国家打交道，好让我们阿联酋的公司赢利。"

教育是阿联酋政府的首要任务，目的就是让后代不再依赖政府工作。阿联酋要蓬勃发展，就要帮助这里的公民自力更生，少依赖政府获取收入。他们鼓励学生学习各门学科，追求自己的使命而非职业。创业课在这个地区如雨后春笋般涌现，为创业者而非求职者做着准备。

因为学生要学习与世界上最优秀、最聪明的人竞争，他们小学就开始学习公开演讲，在高中和大学阶段学习更高级别的技能，比如说服的艺术。在沙迦的一所大学，我遇到一些创业的学生，他们正在开发各种应用，范围十分广泛，包括游戏、在线市场和学习平台、食品交付服务、餐馆和酒店业解决方案（酒店是迪拜快速发展的一个研究领域），以及用于监控和控制能源消耗的在线应用程序。他们的最终成绩取决于在统治家族成员面前做的 3 分钟演示。

阿联酋的学生都知道，以讲故事的形式进行交流是一种古老的艺术形式，其根源正是他们居住的地方。

“Al hakawat”是阿拉伯语“讲故事的人”。几千年前，这里形成了一个传统，晚祷结束后男人们会聚在篝火旁，喝着一种类似于今天土耳其咖啡的饮品，互相讲着故事。这一传统代代相传，今天，在沙漠中朗诵诗歌仍是一种流行的娱乐活动。有人告诉我，如果你想在中东做生意，谈生意前可以用故事开头。如果主人先讲起了故事，专心聆听，不要突然切换话题。

在本书的第三部分，你会读到讲故事的传统与文明一样古老。在《一千零一夜》(又名《天方夜谭》) 中，主人公山鲁佐德通过讲故事让自己免于死刑。已知最早的手稿可以追溯到 9 世纪。讲故事对阿联酋人民有着特殊的意义，是他们未来进步的关键。

石油给这个国家带来了财富，沟通将使其强盛不衰。

在迪拜甚至全球范围内，沟通技能都具有无比珍贵的价值。针对国际公司的调查发现，具有创业精神的人对公司有益。人力资源总监寻找的就是这样的人，因为他们会带来宝贵的想法和见解，可以帮助公司保持创新优势。但是，如何区分具有创业精神的人和普通员工呢？一项针对 1.7 万名员工的研究发现，那些“说服力”得分最高的人会把创业者的思维方式带到公司。报告称：“毫无疑问，创业者必须具有说服力——能够说服别人改变思考、信仰或行为方式的能力，这样才能搭建团队或从投资者和利益相关者那里获得支持。”[25]

托马斯·弗里德曼在《谢谢你迟到》一书中表示，在加速发展的时代，拥有某个想法的人比以往更有能力塑造周围的世界。历史上的任何时候都不像现在这样，个人的力量会如此强大。弗里德曼写道：“一个人现在可以帮助更多的人，一个人可以通过互联网学习平台教几百万人，一个人可以娱乐或激励几百万人，一个人现在可以把一种新想法立刻传给全世界。”[26]

历史学家经常回顾人类进步过程中的重要事件，他们说过去有英雄在我们身边。现在我们仍有英雄，他们就是创业者和创新者、梦想家和实干家，他们正在想办法解决世界上最大的挑战。他们特立独行，脱颖而出。我们觉得他们令人无法抗拒，因为我们需要英雄。他们讲述自己的故事，讲的真是太好了。当我们听他们讲时，我们相信他们的故事就是我们的故事，他们的梦想能使我们的梦想变为现实。

❼

向专业人士学习沟通的艺术

如果我们想让别人接受我们的创新想法，就需要大声说出来。

——亚当·格兰特，沃顿商学院教授

莎伦不需要穿成人纸尿裤，但她穿了……还穿了一个月之久。她工作的时候，晚上睡觉的时候，做重要汇报的时候都穿着纸尿裤。[1]

莎伦在一家全球最大的零售公司从事产品设计工作。这家公司每年销售无数的成人纸尿裤。莎伦加入产品设计团队时问了一个简单的问题："有没有人穿过成人纸尿裤？"没有一个人举手。她说："这样可不对。"莎伦就这样改变了这个产品类别。由于全球老龄化，未来两年这个市场预计将增长 48%。成人纸尿裤每年创收 70 亿美元，莎伦所在的公司占有很大的市场份额。

莎伦注意到纸尿裤的底部皱皱巴巴的，根本不像她或任何成年人想穿的内裤。莎伦回忆说，当时她想"它们看起来就像小孩的纸尿裤"。的确是这样，因为它们就是小孩的纸尿裤，只不过做成了成人款。

"我每天都穿着纸尿裤，穿了一个月，每隔几天换一种我们卖的产品。"莎伦告诉我，"我面试员工时穿着它，演讲时穿着它。我觉得难为情吗？当然了。我穿着长夹克和毛衣，想盖住后面。纸尿裤不怎么合适，我把它粘好，防止掉进裤子里。”

莎伦向高管展示了她的实验结果，并说服他们重新设计产品。莎伦的展示非常有感染力。她说：“我们公司对内裤很了解，我们是为数不多的既卖成人纸尿裤也卖包括内衣在内的男女服饰的零售商之一。如果我们把服装和产品设计这两部分结合在一起，就可以重新打造这个产品。”公司采纳了莎伦的建议，她的展示引发了对产品的全面重新评估。如今，各大品牌的成人纸尿裤在外观和舒适度上都与几年前大不相同，甚至有公司还聘请时装模特做广告，展示全新的产品。

莎伦告诉我：“我促成了一个强有力的变革。我们需要支持消费者并做出正确的改变。”

莎伦加入这个团队时，对成人纸尿裤几乎一无所知。她没有工商管理硕士（MBA）学位，没有精英大学的高学历。不过，她具有独特的人文品质——同理心，这让她备受关注。“同理心”这个词的定义是通过分享别人的经历来体验他们的感受。莎伦的团队中从来没有人想过要体验购买他们产品的人的感受。

成人纸尿裤只是一个方面，莎伦的同理心能适用于完全不同的部门吗？答案是能，而且事实就是如此。

莎伦问：“有没有人用过这个东西？”这一次还是没有人举手。团队里没有人刺破手指取过血。莎伦心想，让我们再来一次吧。

莎伦供职的这家公司每年销售 1 亿台血糖仪，糖尿病患者用它来测量血液中的葡萄糖含量。这是一个重要的市场，对公司和糖尿病患者来说都是如此。美国大约 9% 的人患有糖尿病，每年还会新增近 150 万患者。定期测量血糖和轻松读懂结果可谓生死攸关，这就是莎伦担心的原因。尽管公司卖出了数百万台血糖仪，但是有几百个会退回来。一位供应商说：“这有什么关系？谁会在意这点儿退回来的产品？”莎伦生气地回答说："有个 6 岁的孩子用这个仪器监测她的血糖情况，上面的读数关系着她的生死。为什么要让这个女孩看不懂读数呢？"

莎伦没有患糖尿病，但她开始刺破手指做血液测试。她说："我必须站在人性化的角度使用这个产品。"她很快就意识到儿童要读懂血糖仪的读数并不容易。因为莎伦的投入、倡导和亲自做的实验，血糖仪更容易被读懂，尤其对儿童而言。莎伦再一次彻底改变了一个庞大而重要的产品类别。"如果你不能理解数据的另一端还有人在，那么你就会错失良机。"

莎伦说："我的成功很大程度上归功于说服力。下达命令、别人照做的日子已经一去不复返了。独裁式的管理方式已经消失，你必须指导、激励、培养和说服员工到达你想让他们前往的地方。"

莎伦一直扮演着不可或缺的角色，从零售业到餐饮服务业，她已经在四家公司证明了自己的价值。不管在哪一家公司，她的晋升速度都比同事快得多，离职后同事也都非常想念她。有一家公司在不到 10 年的时间里给莎伦升了四次职，而同一时期她有些同事一次都没有被升过职。如今，她是一家知名食品公司的研发总监，美国商店里有 1 000 多种这家公司的产品。

"是什么让你如此与众不同？"有一次我问莎伦。

"热情和同理心。"她回答说，"脱颖而出的人，都是坚持顾客至上的人。"

莎伦是位商业人士，沃顿商学院的心理学教授亚当·格兰特会称其为"不同寻常的人"。根据格兰特的说法，不同寻常的人会"支持一系列违反常规但最终效果更好的新颖思想"。[2] 他们有激进的想法，但如果没有人支持，这些想法就毫无意义。格兰特说："如果我们想让别人接受我们的创新想法，就需要大声说出来。"

莎伦也是埃默里大学神经科学家格雷戈里·伯恩斯所说的反传统

者。伯恩斯说，反传统者会“做一些别人认为做不了的事”。[3] 伯恩斯认为，大多数人永远不会成为反传统者，因为他们无法克服两种恐惧：害怕不确定性（反传统者会冒险挑战现状），害怕说出和说服别人相信新颖的想法。伯恩斯写道：“你可以拥有世界上最伟大的想法，完全新颖、完全不同的想法，但如果你不能说服足够多的人相信，那就没有意义了。”

莎伦说服了足够多的人认同产品设计很重要。

土木工程师：沟通力让我拿到大单

马修在美国一个大城市当土木工程师和项目经理。[4] 他所在的公司接受州政府和城市的委托建造道路、桥梁、建筑物、污水处理厂和净水厂。

美国共有 30 万土木工程师，马修是其中之一。他符合基本的要求：工程学位、资格证书和学徒生涯。凭借这些资历，他找到一份高级土木工程师的工作，但他想脱颖而出，发展自己的事业。他专注于锻炼计算机无法取代、学位无法衡量的技能——说服别人支持他的想法。

随着马修当众演讲的信心不断增长，他获得了一次又一次的提升，每一次薪酬也会大幅上涨。马修最初是一名技术工程师，他说这份工作就是“坐在办公桌前计算公式”。随着他的讲演能力的提升，他升任项目工程师、项目经理和业务开发经理。美国一般的高级工程师年薪为 6 万美元，项目工程师年薪为 6.5 万美元到 9 万美元不等。项目经理的薪水要高得多，年薪在 10 万美元到 25 万美元之间。随着马修演讲能力的提高，他的薪水和影响力也随之提升。

让马修来给我们讲一讲沟通力在他的日常工作中所起的作用。

（1）我们要给客户做工程分析或评估选项，随后会做正式和非正式的演示，推荐我们的解决方案。

（2）我们需要推广我们的服务，获得新客户或是扩大客户群，最好的方法是在专业协会的会议上介绍我们的成功或创新项目。

（3）我们几乎总是以团队为单位工作，所以作为领导者，我必须解释项目的目标、关键问题或挑战，并激励团队成员采取行动，在预算范围内按时完成项目。

（4）第四种也是最重要的展示方式是赢得某个城市或州政府的新基础设施项目。在典型的招标过程中，多达 10 家公司会提交长达 25 页的标书。评选委员会从中选取到 3 到 4 家，邀请它们进行面试和演示。我们通常不是报价最低的公司，因为我们不想在质量上退让，所以我们的演示能力将起到重要作用。[5]

随着马修传达想法的能力不断提高，他在业界的曝光度和价值也随之提升。马修的上司对其中一次演示印象特别深刻，那次演示同时也给客户留下了深刻的印象。它新颖，与众不同，有说服力，而且最终取得了成功。

下面我们看看马修是如何让他的上司大吃一惊的，又是如何为公司赢得了一份重要合同的。美国许多城市都有急需升级的管道、桥梁和道路。马修要在演示中解释工程团队如何修复一个已有百年历史的饮用水主管道，这条管道漏水严重，上面有铁轨，每天运送超过 1.5 万人。水管直径为 1.2 米，需要更换全新的管衬，但还要保持最大的水流量。

马修非常痴迷于从沟通大师身上学习，他曾在 YouTube 上看过史蒂夫·乔布斯的很多演讲。他回忆起乔布斯介绍第一款苹果笔记本电脑 Macbook Air 的视频。乔布斯拿着一个大信封走上讲台，他从信封里拿出一台笔记本说道："今天我将给你们介绍世界上最薄的一款笔记本。"

马修借用了乔布斯的桥段，做了类似的演示。他把新型的碳纤维管衬材料放入一个大信封里，随后发布了一条重磅信息。马修说，问题的解决方案是“世界上最强、最薄的管衬系统”。马修的介绍很受欢迎，他的公司赢得了竞标。

马修给我发了一份那次大获成功的幻灯片。他熟练地使用了你将在本书第三部分学到的几种技巧。说服最有效的一个工具就是使用经典的三幕式结构，将故事分为三个部分：开端部分描述当前的情况，冲突部分凸显客户面临的问题，解决部分提出想法或解决方案。马修遵循了这一结构，我们将在第 11 章详细介绍。

首先，马修展示了 1870 年人们安装主水管的历史照片。接着他解释了问题所在：如何在每天载有数千人的公共交通系统下面修理 900 多米长的水管。为了使第二部分尽可能清晰，他甚至还用了一张标题为《挑战》的幻灯片。为了给挑战增加一些紧张感，他还展示了一些照片，上面是这座城市历史最悠久的一个社区中绿树成荫的街道。他说，任何项目都必须尽量减少对街道和车道表面的破坏。大信封里面的重大秘密揭开了第三部分，也就是解决方案。客户方的决策者之前一直倾向于一家报价较低的公司，但听完马修的演示后改变了主意，最后和马修的公司签订了合同。

马修的上司在客户做出最终决定之前就发现这次演讲“十分令人震惊”，是他职业生涯中见过的最好的演示。马修在这一行才干了 5 年，他在公司和同行中就很有名气了。

“如果我能讲一个更好的故事，就能赢得新的项目。”马修说，“如果故事中还能展示我们独一无二的资质，我们能够解决客户还没有意识到的关键（或未知）问题，我们获胜的概率就会显著增加……即使我们的报价比竞争对手高。”

马修之所以脱颖而出，是因为他已经从一个好的沟通者变为一个伟大的沟通者。畅销书作家托马斯·弗里德曼把不断变革的现代世界称为“加速时代”。弗里德曼认为，我们用来描述技术的词语相对于它们所带来的变革实在太弱了。弗里德曼说，数据并不是迁移到云上的，它的经历就像“超新星”。“超新星不断扩大，加快了事物的流动。知识、新思想、医学进步、创新、侮辱、谣言、合作、交友、贷款、银行、贸易、友谊、商业和学习现在都以我们从未见过的速度和广度在全球传播。”[6]

包括迈克尔和莎伦在内的无数专业人士都试图在这个世界留下印记。弗里德曼表示，令人鼓舞的是现代世界“放大了个人的力量”。一个人可以通过互联网激励、教育或娱乐数百万人。一个人可以传播推动行业进步或改变世界的想法。在现代世界，专业人士需要面对这样一件颇具讽刺意味的事：要想在加速时代脱颖而出，必须提高说服力。弗里德曼在《谢谢你迟到》一书中表示，中等收入的工作需要更多的知识和教育。“为了争夺这些工作，你需要拥有更突出的 3R 能力①（阅读、写作和算术能力）和 4C 能力②（创造力、协作、沟通和编码能力）。”[7]

在加速时代脱颖而出

哈特研究公司针对大学生和未来雇主展开的调查可谓最为全面。公司每两年向不同行业的 300 多家雇主提出详细的问题。在最近的一次调查中，雇主出乎意料地承认了一件事。超过 93% 的雇主表示，在做出聘用决定时，求职者的批判性思维和清晰沟通的能力比他们的大学专业更重要。这份调查报告指出：“雇主十分看重创新，认为这对公司的成

① 3R 指 reading, writing and arithmetic。——译者注

② 4C 指 creativity, collaboration, communication and coding。——译者注

功至关重要。这些公司表示，员工当前面临的挑战更加复杂，需要比以往更全面的技能。”[8]求职者的专业即使与所选行业对口，也不能保证他能成功地沟通并具有批判性思维。

哈特研究公司所调查的雇主表示，书面和口头沟通能力的下降是应聘成功和晋升的主要障碍。80% 的雇主表示，大学应该多强调这些技能。不幸的是，一项又一项的研究表明，这些技能不仅缺乏，而且在逐年下降。雇主期望在求职者身上看到的技能与他们的实际技能之间的差距越来越大。

iCIMS 公司是一家面向大企业的人才招聘软件销售公司，其首席执行官苏珊·瓦伊塔尔表示：“优秀的沟通者具有竞争优势。”[9]根据 iCIMS 公司的一项研究，大约 90% 的大四学生对自己的面试技巧充满信心，但超过 60% 的招聘人员表示，毕业生的面试技巧还有很多不足之处。对于将要踏入职场的人，招聘专家建议他们要多了解应聘公司和行业的情况。

瓦伊塔尔告诉我：“求职者认为他们做好了功课，但背诵从公司网站上学到的事实和围绕自己的经历精心准备一个故事之间还是有差异的。如今，可以找到的公司信息比以往任何时候都要多。只是了解公司的成立时间、首席执行官是谁，以及总部在哪儿并不够。”瓦伊塔尔建议求职者清楚地解释他们能为公司带来的价值，以及他们的经验将如何使客户受益，如何有助于公司提升市场地位。

瓦伊塔尔还指出，我们越来越强调沟通技能的重要性，这种趋势一直在不断增长。招聘经理要求求职者提供 90 秒的视频，以此来节省时间。他们经常通过这些视频来决定是否给求职者面试的机会。如果求职者说得不好或不清楚，穿着太随便，或者录的视频背景过于随便，那么即使他们的简历不错，也不会有面试的机会。

在一次调查中，iCIMS 公司采访了美国 400 名人力资源经理和招聘经理，其中 63% 的人表示，如果有两位资格相同的求职者，“口头沟通能力”更强的人将会被录用。

因优异的沟通技能而被录用、得到晋升，克雷格对此有着深切的体会。5 年前，克雷格毕业于一所公立大学，拿到了经济和商业学位。[10] 他发出去了几十份简历，都石沉大海。当时的就业颇为艰难，2008 年房地产崩盘后，美国经济萎靡不振，失业率一直在 8% 左右。各大公司不准备招人，特别不想要几乎没有实践经验的入门级毕业生。

旧金山一家想要加强其营销部门的软件公司第一个给克雷格打了电话，让他去公司面试。当时有一个障碍，旧金山的创业界可谓一个关系紧密的圈子。克雷格认识那家公司的一个人，他告诉克雷格，和他一起应聘同一职位的另一位优秀候选人是招聘经理的好友。克雷格决定掌握说服的艺术，使自己与众不同。这样，他就能从一名优秀的候选人变成了一名卓越的候选人。

“我研究了公司的竞争对手，研究了公司的产品，还做了一个产品展示。”克雷格告诉我。他花了 8 小时练习产品展示，并为可能会被问到的问题准备好答案。一个周四他参加了面试，接下来的周一他拿到了年薪 4.5 万美元的工作。这家公司不想冒失去他的风险，用招聘经理的话说，因为“你做的产品介绍比我们的销售人员做的还好”。克雷格开始工作的第一个任务就是向公司的销售团队展示如何推销产品。

在这家创业公司干了 18 个月后，克雷格意识到自己想要成为一名领导者，想要在职业生涯中有所提升。他决定用专业技能补充自己当前的经验。他参加了一个编码训练营，就是一个为期三个月的强化课程，学习软件工程。学完后，克雷格发出了八九十份简历，但没有一家公司打电话过来。克雷格说：“我不是最好的，训练营中有人拥有 4 年才拿到的计算机科学学位，还有 4 年的经验。这些我都没有。我知道自己最大的优势就是沟通技能。”

后来，克雷格得到一个机会。一家 B2B（企业对企业）软件公司请他去旧金山总部面试。招聘经理问的问题在谷歌和特斯拉等公司越来越常见，属于行为面试。他们不再问脑筋急转弯类的题，比如“一辆校车可以装多少个高尔夫球”（科技公司的面试题），而是问那些可以衡量思维、写作和沟通能力的题。比如，特斯拉首席执行官埃隆·马斯克说，他已经找到了问求职者的最佳问题，“给我讲讲你的生活，你在生活中所做的决定，以及为什么这么做”。[11] 马斯克要找的人必须能够清楚地解释自己面临的问题以及如何解决这些问题。

克雷格为面试做着准备，他反复练习一生中的几个重要故事，尽可能了解公司的一切信息。经过 8 小时的学习，他对这家公司有了彻底的了解，并且介绍公司产品的水平再次超过了公司的销售人员。克雷格成功了，他初面就拿到了工作，薪水较之前翻了一番。

克雷格在不到两年的时间得到了两次晋升。当公司的一个竞争对手打电话给他时，他的年薪已经超过 12 万美元。这家公司听说克雷格具有独特的能力，不仅能与公司内部的工程师有效沟通，还能把工程语言转化成客户可以理解的对话。克雷格很喜欢他的第二个雇主，但不想错过这样一个衡量自己市场价值的机会。克雷格再一次让面试官惊叹不已，克雷格的“跨职能”沟通技巧给他们留下了深刻的印象——他能够用明确的指令带领工程师，还能把工程语言翻译给客户听。这家对手公司答应给克雷格提薪 40%。克雷格的公司得知此事后，也答应给他涨 40% 的薪水，还派他去海外工作。公司告诉克雷格，他们不能失去一个“世界级的沟通者”。刚刚大学毕业 5 年，克雷格已经做好了担任高级领导的准备。

如果听到克雷格的成功故事，首席执行官招聘官猎头詹姆斯·西特林不会表示吃惊。西特林供职于史宾沙公司，这是一家领导力咨询公司，他参与了 600 多次首席执行官、董事和企业高管的招聘。在接受

《洛杉矶时报》采访时，西特林被问及如何找到工作、保住工作并获得晋升。西特林给出的答案包含两部分：“首先，培养能够增加价值和领导力的技能，例如解决问题、沟通和分析能力；其次，学习一些与全球发展方向相关的学科。”[12] 西特林表示，沟通是基础，是基本的技能，是成就伟大事业的一种能力。对克雷格而言，沟通属于基本技能，编程是附加能力。如今，克雷格的职业前景十分广阔。

麦肯锡的优势：30 秒说出重点

在全球最具影响力的咨询公司麦肯锡，一位高级董事走上台，开启了公司的年度顾问大会。这次聚会被称作“价值日”，旨在强调公司的使命。所有的顾问，不管是新手还是老手，都要参加。这位高级董事首先发了言。他在麦肯锡已经工作了 20 年，曾作为公司的技术负责人为全球市值最高的一些公司提供过咨询服务。他的演讲围绕“讲故事”展开，他先讲了自己咨询生涯的 5 个故事，每个故事都在强调公司重视的某种特殊习惯。

这位董事的幻灯片上放的都是照片，第一页是一张黑白照片，上面有一小群人，十几个，都是男士，围在办公桌旁开会。这张照片拍摄于 1940 年，当时麦肯锡首次安排年度会议来讨论公司的价值观。这张照片的效果很好，因为它与现在形成了鲜明的对比，麦肯锡当前有来自 100 个办事处的 6 000 名员工，参加价值日的很多是女性。实际上，麦肯锡现在被公认为十大女性公司之一。虽然这位董事生活在一个以无穷无尽的表格、图表和要点而著称的世界，但他希望公司的顾问明白他们的竞争优势不仅仅是数据，而是如何讲述数据背后的故事，并与客户在情感层面建立联系。情感传递的最好方式是照片，而非图表。

他讲了自己的故事、案例研究以及项目成功或失败的顾问的故事。他的演讲持续了 20 分钟，幻灯片上没有文字，没有项目符号，没有图表，这当然属于一个极端的例子。这位董事并不希望顾问给客户做提案时幻灯片上全是照片，但是他希望他们知道演示技巧对他们在麦肯锡的职业生涯有着深远的影响。他们（大多数都是顶尖学校的工商管理硕士）必须从根本上重新考虑他们在商学院学习的演示方式。

刚入职的新顾问能够做出 100 多页满面文字的幻灯片。可惜，这是大脑处理信息效果最差的方式，所以麦肯锡的高管会不遗余力地培训这些新顾问，同时也指导老顾问。

麦肯锡的这位董事引用了编剧罗伯特·麦基的话，他告诉下面的人："讲故事是人与人接触的普遍方式。"[13] 他发现了重要的一点。在本书的第三部分，你会知道为什么按照逻辑传递信息只是说服的一个组成部分。没有故事的情感依附，想法将被置若罔闻。

演讲结束后，麦肯锡的一位顾问告诉我，他上班的第一周自豪地展示了一个特别长的幻灯片，是他打算给客户看的。他的上司说："你还得继续做。你现在的每 20 页幻灯片我只想看到两张。语言要更简单些，如果五年级的学生理解不了你的想法，那就太复杂了。"

正如你可能想象的那样，想进麦肯锡是很难的，非常难。这家咨询公司每年在 20 多万名申请人中聘用不到 1% 的人。公司只有 25% 的顾问会晋升为项目经理，其中 25% 将晋升为准合伙人，25% 成为合伙人。简单来说，每 100 个通过严格选拔进入公司的人中，大约有 1 人会成为合伙人。

合伙人可以分红，每年可以轻松赚到 100 万美元甚至更多。其他人当然也不会太差。麦肯锡准合伙人的年薪 16 万美元起，是否能升至几十万美元年薪的职位，关键就在于你是否能脱颖而出。但是，在一群成绩高于平均水平且毕业于全球最高学府的工商管理硕士中，如何才能脱颖而出呢？五个字：说服的艺术。

麦肯锡公司的顾问每完成一个项目后都要接受评估。他们的目标是获得“与众不同”这一评级，因为这相当于从众人中脱颖而出，从工商管理硕士、博士、热门领域的专业人士，以及投入大量时间的人中脱颖而出。这些资历你必须有，但是你还得有托马斯·弗里德曼推荐的“额外技能”。这就是顾问获得“与众不同”这一标签的方式。

与众不同的顾问说服力最强。

在麦肯锡工作从第一天起强度就很大，以后也不会轻松。公司的顾问每周都在寻找工作，并且是在公司内部寻找。每位顾问每周会收到一封电子邮件，预览新的项目。没有直接行业经验的顾问必须说服项目负责人给他们一个机会，好的项目和好的结果是升职的门票。

新手顾问很快会发现，当高管要求他们汇报项目时，他们实际上是想说：“30 秒告诉我这个项目的重点。”在《麦肯锡优势》一书中，这家公司的一位前顾问写道，说话时句子简短是成熟领导者的标志。“如果你升至高管，做演示时要尽可能简洁。每个领域的高管以及表现最好的人都认为，如果你说得很复杂，那么你这个人就很复杂……用简洁的话语交谈是需要练习的。集中精力练习用更少的话以更快的速度说服别人，就是在锻炼一种独特的技能。”[14]

麦肯锡的 6 000 名顾问分布在全球的 100 个办事处，那里被视为志向远大的领导者的跳板。麦肯锡比全球任何领域的任何一家公司造就的首席执行官都要多。每 690 名麦肯锡顾问中就有一名会成为上市公司的首席执行官。还有一家咨询公司可以说是排名第二的首席执行官培训基地，那里每 2 150 名顾问中有一名会成为首席执行官。

麦肯锡的确是一个首席执行官的学习实验室，它告诉未来的首席执行官清晰简洁的沟通是一种巨大的职业优势。

销售人员：说服力需要持续练习

克莱尔属于千禧一代（1980 年至 1995 年出生的人）。[15] 她获得了经济学和中东研究的学士学位。毕业后，她受雇于一家大型金融保险公司，作为业务顾问，她的职责是把一套产品卖给财务顾问。过去几年，金融服务发生了巨大的变化。随着越来越多的人把保险、投资和退休产品视为商品，大家不再强调“推销产品”，而是把重点放在帮助顾问发展业务上。在低成本的指数基金领域，顾问必须让客户相信他会为双方带来价值。如果做不到这一点，他就会失业。克莱尔的工作就是把产品卖给顾问，以帮助他们脱颖而出。

克莱尔的公司每年会举办一次内部竞赛，邀请年轻的销售人员做一个 10 分钟的演讲，介绍他们的新想法。管理者根据想法的创造性以及解释的有效性给参与者评分。克莱尔就是在这个舞台上发光的。虽然她承认自己不是一个天生的演讲者，但她擅长说服别人。她读书，看 TED 演讲，分析她在金融会议上看到的很多演讲。

克莱尔第一次参赛，面对的是年龄大她一倍的管理者，还有 100 名销售同行。“几个月后他们还记得我的演讲。”克莱尔告诉我，“如果我不是做了一个有效的演讲，就不会得到隔好几个级别的上司的认可。”克莱尔的演讲遵循了我们将在第三部分讲到的许多技巧。她首先设定了一个明确的主题和议程，主要讲三点，最后回到主要观点，并以强有力的陈述结尾。尽管有人对她的演讲结构表示赞赏，但克莱尔表示“最大的荣誉”应该颁给她所讲的故事。

我第一次收到克莱尔的邮件是在 2016 年 11 月。7 个月后，我又收到了一封。“我刚刚晋升到一个业务拓展的职位，这意味着我的责任将是吸引新的潜在客户，这将有益于提升我的潜在收入！”

迈克也是千禧一代，是离开农场的一代人。[16] 他的父亲和祖父曾用双手种植玉米和西红柿，迈克的职业价值建立在他的想法以及成功传达这些想法的能力上。

如今，25 岁的迈克事业蒸蒸日上。大学毕业后不久，迈克就在美国一家中型的制药公司找到了一份现场销售代表的工作。迈克的职业生涯开局不错，他的年薪为 6 万美元，主要负责向心脏科推销药物。一年后，迈克的机会来了。所有的销售代表都必须回总部接受高级培训，培训的一个目的是帮助销售人员提高演讲能力。迈克以及其他大约 20 名销售人员都要做一个 10 分钟的演讲。迈克告诉我："这是我们员工职业生涯的关键点，因为高管会看我们的演讲，并开始找寻那些能够快速升至高位的专业人士。"

培训结束后，公司的人力资源部发布了一个职位，公开招聘企业销售培训师。迈克当时还是一位不知名的销售代表，但是他决定申请这个职位。迈克没有想过自己能比过公司资历更高的同事，但这是一个建立好名声的机会。迈克的上司因为培训记住了他，同意给他一次机会，此外还有 12 位候选人。迈克后来才知道候选名单上只有两个人有望赢得这个职位，当时他并不在这两个人之中。直到迈克在决策者面前做完陈述（最后的面试包括 6 到 10 分钟的演讲），结果才有了变化。迈克练习了几十次演讲，以便让自己显得轻松自如。毫无疑问，他的肢体语言和风度都反映了他的信心。

虽然迈克的舞台表现力很强，但其实是一页幻灯片吸引了每个人的注意。在第一页幻灯片上，迈克放了一张拖拉机的照片，他介绍了自己的家庭背景以及他在农场学到的价值观。他打了个比方，把与医生 / 处方医生建立关系和医药销售联系起来：首先，销售代表要种下关系的种子，然后培养关系，最后得享丰收的喜悦。6 分钟的演讲快结束时，迈克返回拖拉机那页幻灯片，让话题转了一圈回到了原点。"建立自己的销售领土，关键在于信任、信念和责任，这正是我从父亲和祖父那里学到的价值观。作为销售代表，我们必须相信我们的培训，相信我们的产品，让自己肩负起责任。”

迈克演讲结束后，会议室里的一位副总裁，也是主要的决策人，问另外一个同事说：“这个人是谁，一直藏哪儿了？”迈克得到了这份工作。虽然因为这个职位，他的薪水稳步上升至 10.5 万美元，但迈克接受这份工作还有别的原因。他的眼光很长远，他希望自己最终可以成为价值 10 亿美元的公司的首席执行官。迈克对我说：“首席执行官必须有远见，能够有效地进行沟通。在我担任企业销售培训师的过程中，我要创建内容，把业务和公司愿景教给新员工，每周做几次演讲。这是我能想到的最好的首席执行官培训。”

有一点值得注意，迈克之前的上司鼓励他去争取新的职位，但并不支持迈克用拖拉机开场，因为这有些“不合常规”。迈克礼貌地聆听了上司的建议，但没有采纳。他想要与众不同，否则他永远不会脱颖而出，三颗星还不够好。迈克在学习说服的艺术，他知道人的大脑渴望新奇事物。人类大脑发现之前从未见过的东西时，会触发大脑的奖赏中枢释放多巴胺。有一位神经科学家曾经告诉我，我们的大脑天生想要寻找新的东西、精彩的东西、“美味的”东西。如果迈克的演讲普普通通，那么候选名单上在他前面的那两位候选人将有一位会赢得这份工作。不过，迈克并不满足于一份普普通通的职业，甚或很好的职业。迈克想要成就伟业，他知道非凡的演讲技能是自己的秘密武器。

戴维·戴明博士是哈佛大学的一位研究型教授，他发表了一些有关劳动力市场社交技能的论文，有助于我们理解为什么本章提到的迈克、克莱尔和其他专业人士在这个颠覆的时代取得了非凡的成功。虽然很多人都担心自动化、大数据、人工智能和机器学习将在很多方面取代人类，但戴明认为那些最可怕的预测有些过头。戴明写道：“其中一个原因就是，计算机在模拟人类互动方面仍然很差。”[17]

戴明研究了 1980 年至 2012 年间美国的就业增长情况。他发现，需要较高社交技能的工作在经济中占有较大的份额，而且这些行业的薪水也在直线上涨。戴明所说的“社交技能”可不是鸡尾酒会上的闲聊。根据戴明的定义，社交技能是领导团队、与不同团队协作，以及说服同行和客户采取行动的能力。“几千年来，人们的社交技能不断进化。工作场合的人际互动包括团队生产、员工之间取长补短、灵活地适应不断变化的环境。这种非常规的互动是人类强过机器的核心所在。”

戴明表示，需要沟通、协作和说服力的工作在未来 10 年将继续经历巨大的增长。我和戴明讨论他的研究时，他解释说：“想一想管理顾问这样的工作，你必须具备很强的分析能力，这是肯定的。但是你还得做很多不同的事情，比如分析数据、汇总演示、与客户交谈、写出有说服力的东西。”[18]

戴明建议当今的专业人士要具备广泛而多样的技能。“我们可以造一台机器或写一个软件程序，它们在任何一件事上可能都会胜过人类。但是，计算机还是很不灵活。”戴明说，“人类知道何时改变方向，可以灵活地适应不断变化、不可预测的情况。我们拥有一个包罗万象的工具包，可以按照不同方式解决不同的问题。如果同时拥有两个很少能同时拥有的优点，比如编码特别厉害和沟通能力十分出色，那就太好了。”

专业技能强，沟通技能才加分

哈佛大学拓展学院成立于 1910 年，旨在培养成人学习者专业发展和自我提升所需的技能。学院负责人表示：“即使是当今技术含量最高的领域，软技能需求也很高。”[19] 课程管理员说，“沟通技能”是公司最希望员工具有的品质，即使是那些寻找信息技术人才的公司也是如此。

本 · 戈舍兰是哈佛大学信息技术部门的负责人。他说："我一直以来都认为软技术在科技领域十分重要。" STEM 课程，即科学（science）、技术（technology）、工程（engineering）、数学（math）方面的课程，过于狭隘地关注技术技能。然而，根据他的经验，"获得成功的人是那些能够让非技术人员明白专业知识的技术专家"。[20]

在一份名为《人的因素》的报告中，Burning Glass 公司得出这样的结论：各大公司很难找到具有软技能的求职者。作为一个在线工作发布平台，Burning Glass 有 4 万家公司用户。[21] 在一年的时间里，Burning Glass 收集了 2 500 万条不同的招聘信息，想要分析其中最常见的技能。大多数技术职位都属于信息技术、医疗保健和工程领域。公司研究发现，"软技能"这个词很不准确。沟通应该被视为一种"基本技能"，因为它对技术工作的成功至关重要，而且大家都知道求职者很缺乏这种技能。"当雇主要求的技能与传统的职位要求不成比例时，这种技能很可能十分重要，同时又很难找到。"

这项针对数百万条招聘信息的研究发现，写作和沟通技能较为稀缺，但却是职业成功的基础。"几乎每种职业都需要这些技能，而且几乎每个职业对这些技能的要求都远远超过你看完职位要求后的预期，即使在信息技术和工程领域也是如此。"

技术研究公司盖特纳在一项调查中，要求 485 名首席信息官（CIO）列出帮助他们登顶最高职位的三大领导力特征。技术技能在名单上排名第 12 位，创新和组织技能也未能进入前三名。首席信息官表示，深入了解业务是他们取得成功的首要因素。不过，要想成为一名成功的首席信息官，第二重要的特征是"影响决策的沟通技能"。

安迪 · 布赖恩特是英特尔的董事会主席。作为英特尔和福特等公司的管理者和财务总监，他积累了丰富的经验。布赖恩特可以感受到技术经理和首席信息官的沮丧，他们向董事会要钱跟进一个项目却空手而归。布赖恩特表示，在许多情况下，这些专业人士需要提高他们的说服技巧。

布赖恩特说，缺乏沟通技能的首席信息官或技术经理参加预算申请会的时候，对话如下：

首席信息官：如果你们不出钱，我们就死定了，一切就都完了。

董事会成员：哇，这么说太严重了。

首席信息官：真的，我们需要多少多少美元。如果你们不给，我们的数据将会泄露。如果数据泄露，后果将会十分严重。

董事会成员：好，如果我们给你们这么多钱，我们的数据就不会泄露了吗？[22]

面对最后这个问题，任何一位明智的首席信息官都不会给出肯定的回答，结果他们的申请将以失败告终。相比之下，布赖恩特推荐下面这种方法。首席信息官应该以教育者的身份解释他们的部门做了什么，解决了什么问题，公司面临的潜在数据泄露，以及可以采用的廉价和昂贵的解决方案都是什么。用这种方式进行沟通，首席信息官就不是在要钱，而是在教导别人。人们宁愿学到点什么，也不愿意被强迫接受什么，或是感觉好像被勒索了。无论是在技术性最高的领域，还是在艺术性最高的领域，说服力都会让专业人士脱颖而出。

卓越者的罕见技能：将信息深深印在别人的脑海

前文我们提到过迈克尔·莫里茨，一位拥有亿万身家的投资人，他还是硅谷著名风险投资公司红杉资本的董事长，率先投资了谷歌、雅虎、贝宝、领英和爱彼迎。

采访莫里茨时，我们讨论了他与曼联足球俱乐部前经理亚历克斯·弗格森爵士共同撰写的《领导力》一书。这本书介绍了两位作者认为能把一个人从初级职位带到职业顶端的品质。

20 世纪 70 年代末，莫里茨曾是《时代周刊》的记者。一个人是如何影响一个组织的，是如何激励他人实现看似不可能的事情的，他对这个问题越来越感兴趣。莫里茨回忆起他与克莱斯勒传奇首席执行官李·亚科卡的第一次会面。当时，大多数专家已放弃这家公司，并预言它会倒闭。莫里茨目睹了亚科卡如何重振克莱斯勒，将其变成公司史上最具代表性的品牌之一。“从那时起我开始相信一个人有能力影响整个公司，开始相信个人的领导力量。”[23]

但是要想成为领导者，一个人究竟需要哪种技能呢？莫里茨表示，说服力是最基本的技能。如果不提高说服他人采取行动的能力，那么什么都不会发生。莫里茨告诉我：“如果不能清楚地说明前进的方向，就无法带领一个人，更不用说带领一个团队或一个组织了。不管是足球比赛 45 分钟的下半场，还是公司未来的 5 年，领导者都必须清楚地阐明想要实现的目标。”

莫里茨和弗格森表示，与众不同的商业人士能够把复杂的东西提炼成简单的文字、方向和指示。说到合著者弗格森，莫里茨说：“他的指示往往简洁明了，因为不管是在医院还是在钢厂工作的人，几乎没有人能够记住三条以上的指令。冗长的独白无法像简短的对话那样传达精确简洁的指示。”

莫里茨记得有一天两名斯坦福大学的学生走进他的办公室，讲述了他们的商业计划，这是莫里茨听过的最简洁的商业计划。谢尔盖·布林和拉里·佩奇告诉莫里茨：“谷歌要整合全球信息，使人人皆可访问。”

此举为谷歌赢得了第一笔重要资金。莫里茨和谷歌的这两个人最终成了亿万富翁。直到今天，莫里茨仍然认为，如果一位年轻的专业人士无法用一句话解释他的业务或想法，这个业务或想法就太复杂了。

莫里茨提醒我们，掌握说服的艺术很难。成功的专业人士会不断提高这项技能，他们会不断地打磨。“诗歌比散文难写也是这个道理。”莫里茨说，“大多数人，大多数听众不会全神贯注。他们要么不注意听，要么记忆短暂。将信息深深印在别人的脑海里是一项罕见的技能。要做到这一点，这条信息必须令人难忘、清晰生动并具有情感因素。”

想要进入领导阶层的商业人士，必须学会把信息深深印在别人的脑海里这项技能。那么，让我们来看看擅长此道的领袖吧。

❽

向领导者学习沟通的艺术

所有的领导力都是通过把想法有效地传达到别人心里实现的。

——查尔斯·库利，美国社会学家

柯洁有一段“令人恐怖”的经历，引发了整个亚洲的焦虑。柯洁是全球排名第一的围棋高手。这一荣誉一直保持到2017年5月，他在那个月输给了一个更好的棋手——谷歌的“阿尔法狗”（AlphaGo）。“阿尔法狗”是在谷歌Deep Mind实验室建造的机器。

1997年，当加里·卡斯帕罗夫在一场国际象棋比赛中输给一台名为“深蓝”的超级计算机时，整个西方世界都震惊了。赛后不久，《纽约时报》发表了一篇文章称，这件事在亚洲大部分地区没有什么反响。毕竟，国际象棋是国际象棋，肯定没有机器能够打败围棋大师。围棋是有史以来人类发明的最古老的游戏之一，大约有2 500年的历史，而且最为复杂。据说围棋的走法比宇宙中的原子数量都多。卡斯帕罗夫败给机器之后，一位天体物理学家预测，计算机还需要100年才能击败人类的围棋手，但实际上只用了20年。这就是这件事“令人恐怖”的原因。

就在谷歌的现代机器在古老的游戏中击败人类的那一周，谷歌的首席执行官孙达尔·披猜利用古老的说服艺术推出了一套现代工具。

孙达尔·披猜是地球上最聪明的技术专家之一。他有一个专为数学而生的大脑，可以记住曾拨过的每一个电话号码。披猜拥有印度理工学院冶金工程的学士学位。这所大学竞争十分激烈，50 万申请人中只有不到 2% 会被录取（相比之下，哈佛大学的录取率为 6%）。披猜还获得了斯坦福大学和沃顿商学院的材料科学、工程和商业方面的高等学位。他 2004 年加入谷歌，自此便开始了急速晋升的道路。他说服公司发布的 Chrome，成为全球最受欢迎的浏览器。他领导公司的安卓部门，还有谷歌搜索和谷歌地图。2015 年，披猜成为谷歌的首席执行官。披猜的世界围绕着大数据、机器学习和人工智能而转，但他作为领导者的标志是让复杂的问题通俗易懂。

披猜出生在印度南部的金奈，这是一个古老与现代相结合的城市。亚洲最大的 IT 科技园坐落在这里，我们所知的最古老的舞蹈也发源于此。古老的寺庙旁边耸立着高楼大厦，饭店里供应着新式菜肴和传统菜肴。在这个拥有几千年历史的城市，当代音乐家通过挖掘当地音乐创造出新的节拍和韵律。

说服也出现在古代与现代的交会处。披猜是一位有效的沟通者，因为他会利用当代人容易接受的演示来推销创意。

谷歌首席执行官的 PPT

披猜会开启每年一度的谷歌开发者大会（Google I/O）。他首先会解释谷歌的技术在如何改善我们的生活，还有谷歌创造未来的愿景。披猜上演了一节公开演讲的大师课，因为他遵循了古老的说服原则。

可视化故事在谷歌扮演着重要角色。员工会接受培训，学习用大胆新鲜的方式呈现他们的创意。因为图片是最好的讲故事的方式，所以演示者应该避免使用文字和项目符号。披猜做的幻灯片非常简洁。就像专业的广告设计师会避免用文字填满整个页面一样，披猜也不会用无关紧要的词或数字弄乱他的幻灯片。

有位研究人员总结道，一页幻灯片平均包含 40 个词语。披猜在 2017 年谷歌开发者大会上发表演讲时，到第 12 页幻灯片总共才用了 40 个词语。他更多地使用了照片、视频和动画。必须用文字时，披猜会用尽可能简洁的词。例如，他的第一页幻灯片上是谷歌七个主要产品的标识（谷歌搜索、YouTube、安卓等）和这几个字：10 亿 + 用户。披猜解释说，谷歌的每种产品吸引的月用户都超过了 10 亿。第五页幻灯片上的单词最多，有五个。上面只有一句话"从移动至上到人工智能至上"（Mobile first to AI first），这句话呼应了披猜的演讲主题。[1] 它还代表了公司发展方向的重大转变。此前，谷歌几年来一直重点开发移动设备，但公司的重心将转移到人工智能系统上——这些系统将会把任何地方的人连接起来，不管他们是在家里还是车内，是在工作中还是在旅途中。

认知科学家表示，我们不可能像我们认为的那样同时执行多个任务。大脑不能同时做两件事，并且完成得一样好。说到演示，我们不可能既注意屏幕上的文字，又聆听扬声器传出的声音。这就是幻灯片上的图片几乎总是比词句更容易记住的原因。

华盛顿大学的生物学家约翰·梅迪纳针对说服以及大脑处理信息的方式进行了广泛的研究。他的建议是大多数幻灯片都应该重做，减少文字，增加图片。梅迪纳写道："从生物学角度来说，我们无法同时处理需要很多注意力的内容。"[2] 梅迪纳说，一个常见的错误就是一次性传达了太多的信息。这听起来可能违反直觉，但神经科学研究已经表明：说到幻灯片设计，少即是多。

幻灯片设计大师南希·杜瓦特建议遵循 3 秒规则。如果观众在 3 秒内无法理解幻灯片中的要点，那就太复杂了。“把幻灯片想象成广告牌。”[3] 杜瓦特说，“人们开车时，只会短暂地把目光从主要焦点‘道路’上移开，瞥一眼广告牌上的信息。同样，你面前的观众应该专注于你讲的内容，只在你播放幻灯片时简要地看一眼。”你什么时候看过带有项目符号的广告牌？项目符号是设计幻灯片最简单的方法，也是效果最差的方法。

克里斯·安德森在《演讲的力量》一书中写道，传统的幻灯片每页都是一个标题加上几个项目符号，这毫无疑问会让观众失去兴趣。“每天都有演讲嘉宾带着这样的幻灯片来到 TED，我们会给他们倒一杯饮料，和他们一起坐在电脑前，委婉地请求他们允许删除、删除、再删除。”[4]

披猜在谷歌开发者大会上用的幻灯片就遵守了 TED 的规则：删除、删除、再删除。

谷歌的沟通技能“工具包”

谷歌正在开发全球最先进的工具，但其最高领导者却在研习古老的说服艺术，普拉萨德·塞蒂就是其中之一。他曾在麦肯锡做过顾问和机械工程师，祖籍也是印度金奈。作为谷歌负责人力分析的副总裁，塞蒂的工作就是利用数据透露的信息让谷歌员工保持快乐和高效。

“我们花费了大量的时间在最核心的科学和分析上，但我们如何确保它们能被记住？我们如何确保我们能更好地沟通，让我们的受众产生共鸣，信息被人接受？”塞蒂问谷歌的员工。[5] 他认为传播者需要问自己以下几个问题：你希望受众知道什么？你想让他们感受到什么？你希望他们做什么？

塞蒂说，在传播学领域，人们往往会忽视这些问题。“我们不会告诉别人他们应该知道什么，而是告诉他们我们做了什么。我们喜欢使用很多华而不实的行话。只有博士才能理解另一位博士的研究。当我们谈论的是科学和分析时，我们甚至不会考虑情感，就好像我们在追求客观和理性思考的过程中，会尽量消除我们演讲中的所有情感。但是，这样听众就更记不住我们说的是什么了。”[6]

塞蒂在谷歌的人力资源部门工作，这个部门谷歌称其为“人力运营”。2012 年，人力资源部的研究人员启动了一个宏大的项目，要找出公司最高效团队的习惯。这项为期三年的研究代号为“亚里士多德项目”。[7] 研究人员得出的结论是，亚里士多德是正确的。这位古希腊哲学家倡导的技能如今还和他初次提出时一样有效。

朱莉娅·罗佐夫斯基是亚里士多德项目的负责人。她的团队采访了 200 多名员工，分析了 180 个团队，研究了 250 种属性。罗佐夫斯基认为，他们肯定能够找出什么样的人才和技能才是成功团队的理想组合。毕竟，她组建了一支科学的梦想团队，有罗德学院的学者、工程师、数据专家和博士。令人惊讶的是，罗佐夫斯基坦承：“我们大错特错了。”

亚里士多德项目发现，团队由哪些成员组成，没有团队成员之间的互动重要。团队领导者与团队成员的情感联系是成功互动的催化剂，这没有什么奇怪的。研究人员得出结论，成功的团队具有以下特征：

> 心理安全：团队成员有信心承担风险。他们可以毫无顾忌地发表意见，也不担心在彼此面前展现缺点。
>
> 清晰：团队成员有明确的目标和职责。
>
> 工作的影响力：团队成员知道自己的工作很重要，明白自己的工作有益于整个团队的成功。

到目前为止，心理安全是成功团队最重要的品质。罗佐夫斯基说："团队成员越觉得安全，他们越有可能承认错误，彼此合作，并承担新的角色。"如果团队成员拥有心理安全，他们更有可能"利用不同意见的力量，带来更多的收入，他们的效率往往是高管们的两倍"。

谷歌的员工喜欢数据，但他们更希望将数据用于实践。这项研究结果被分享给公司所有人，还有一套技能"工具包"。在一年的时间里，300 个团队的 3 000 名员工开始使用这些新工具。谷歌分布在全球的团队采用了这些新工具后效果立竿见影。

随着员工不断把反馈发送给研究小组，有些共同的主题开始浮现。首先，"心理安全和情感对话是相关的"，查尔斯·杜希格说。他曾为《纽约时报杂志》写了一篇关于这项研究的文章。"创造心理安全的行为，即你一句我一句的谈话，还有同理心，是我们建立联系时经常会用到的不成文的规则。人与人之间的这种关系在除了工作的其他任何地方一样重要。实际上，它有时更为重要。"[8] 杜希格表示，亚里士多德项目提醒人们并非所有的事情都能量化和优化。高效的工作环境通常建立在与领导者和团队成员的经验和情感互动的基础上。成功的领导者会让大家有胜利者的感觉。

杜希格采访了一位名叫马特的经理，他对亚里士多德项目非常感兴趣。马特对自己在谷歌的工作充满热情，却带了一支合作不佳的团队。根据这项研究的结果，马特鼓励他的同事敞开心扉，特别是在团队会议开始时，马特先开口，他说自己正在接受癌症治疗。团队成员都很震惊，接下来的一幕非比寻常。他们一个接一个地分享了自己的故事。他们开始开诚布公地发言。马特答应以后多给每位团队成员讲讲他们的工作在团队中起到的作用。反过来，团队成员答应彼此经常交谈，让其他人在分享他们的想法时觉得很安全。

现在谷歌许多会议都是从分享故事和经验开始的，这是将成员团结在一起的团队建设的情感组成部分。会讲故事、会表现出弱点的领导者，能够鼓励他人说出自己的想法；能够清楚说明目标和路线图的领导者，会让团队成员信心十足；能够告诉团队成员他们的工作为何重要、与大局有什么联系的领导者，会激励团队成员竭尽全力做好工作。

当谷歌收集数据在全球各地打造完美团队的时候，洛杉矶一位从精神病医生变为首席执行官的人得出了相同的结论。他正利用研究结果来改变医疗保健领域的面貌。

医护人员沟通训练法

戴维·范伯格博士在谈论星巴克的服务和医疗保险报销时都很轻松自如，这是范伯格闻名于医疗领域的一个原因。他是一位成功的领导者，因为他不断在行业之外寻找创意，不断研究说服的艺术，以此激励员工。

范伯格是宾夕法尼亚州盖辛格健康系统公司（Geisinger Health）的总裁兼首席执行官，这家公司有 12 家医院和 3 万名员工。加入盖辛格之前，范伯格曾将加州大学洛杉矶分校医疗中心变为美国最受尊敬的医院之一。

范伯格在加州大学洛杉矶分校医疗中心担任首席执行官时，这家医院并不以患者满意度高著称。[9] 事实上，它的排名很低。当范伯格接受这一职位时，有项调查发现，2/3 的患者不会向朋友或家人推荐这家医院。在范伯格 7 年的领导下，医院的患者满意度不断飙升。如今，加州大学洛杉矶分校医疗中心在美国所有医院中排名前 1%。

是什么触发了这一变化？是戴维·范伯格的言出必行和四处走动。在加州大学洛杉矶分校医疗中心工作时，范伯格每天花两到三个小时探访病人，甚至会留下一张写有他的手机号码的卡片。当他走进病人的房间发现医院其他领导留下的写有电话号码的卡片时，他知道他的方法正在起作用。

在盖辛格健康系统公司，范伯格也从未停止过走动。有一次，我给他打电话的前一天，他在公司旗下一家医院的候诊室待了 30 分钟，只为了观察接待患者的情况。这家医院离他的办公室一个半小时的路程。他对所看到的情况印象十分深刻，他表扬了工作人员，还亲自给医院的负责人写了张便条。不管哪一天，你都能看到他与厨房的工作人员、咖啡馆的营养师或是走廊里的护士交谈。你还会看到他问患者的就医情况，在病房给工作人员帮忙。范伯格说："你必须走到工作人员当中去。"

范伯格在公司到处走动时，是在评估员工在 CICARE 方面做得怎么样。CICARE 是个首字母缩略词，读作"see,I care"（"看，我在意你"），这是范伯格在加州大学洛杉矶分校医疗中心时开发的一个沟通方案，是有史以来最有效的沟通技巧之一，旨在培训员工每次为每位患者（或客户）提供卓越的服务。在盖辛格健康系统公司、加州大学洛杉矶分校医疗中心和其他表现极佳的医院，这个方案被用来指导员工与同事、患者、访客和其他人的每一次互动。这个首字母缩略词分别代表什么（如表 8–1 所示）？

当范伯格在加州大学洛杉矶分校医疗中心引入这一方案时，他不知道它会在全国各地流行起来。他在盖辛格的第一次员工会议上问大家有没有沟通方面的培训计划。一位年轻的医生建议学习他在斯坦福大学接触的 CICARE。这位医生不知道和他说话的人正是开发这套方案的人。斯坦福大学医学中心的首席执行官曾在加州大学洛杉矶分校医疗中心工作，是范伯格的下属，并将这套方案带到了斯坦福大学的所在地帕洛阿尔托。它堪称医院发明的最好的沟通训练方案，只有卓越的沟通者才能创造出来。

表 8–1　CICARE 方案描述

建立联系（connect）	留下良好的第一印象，打招呼时尽可能称呼患者的名字。
介绍（introduce）	自我介绍，包括自己的名字和职务。
沟通（communicate）	解释你将要做什么。
请求同意、预见需求（ask permission and anticipate）	询问患者“我可以进来吗”“我现在可以给你做检查吗”等问题。另外，提前想到患者的需求和担忧。
回应（respond）	立刻正面回应患者的需求或要求。
圆满结尾（end with excellence）	结束谈话，交代后面的事情，解释患者接下来要见谁，以此为上级人员做好铺垫。

首席故事官：用故事执行领导力

“作为领导者，讲故事是我最重要的一个工具。”范伯格告诉我，“我觉得自己就是个首席故事官。”

作为加州大学洛杉矶分校医疗中心的首席执行官，范伯格在第一次会议上发现同理心并不在医院的议事日程上。会议以统计数据、表格、图表和收入图开始，没有针对患者的讨论，也没有人讲故事。范伯格的发现和谷歌一样：如果员工看不到他们的工作会如何影响大局，就不会那么在意工作的结果，在这里大局就是患者。

范伯格更改了会议议程。每个人都得讲讲自己的故事，分享他们和患者之间愉快和不愉快的经历。范伯格更进一步，邀请患者在月度会议开始时发言或是在会上阅读患者来信。范伯格说：“我们医疗保健行业的故事比你在好莱坞看到的更好。我们这里都是真人真事，都是与疾病奋斗的故事。如果我们做对了，感觉会特别好。”

作为加州大学洛杉矶分校医疗中心的负责人，范伯格在结束 8 年任期时已经完全扭转了医院的情况。如今，这里一直被评为全美最好的医院之一。他真的把这家医院从最差变成了最好。然而，范伯格还是不满意。“在患者满意度方面，加州大学洛杉矶分校医疗中心从第 38 百分位上升到第 99 百分位，这意味着 100 人中有 85 人会推荐我们，但可悲的是，我们让其他 15 名患者及其家属失望了。”[10]

范伯格的成功能否在美国其他地方被复制呢？能，也确实如此。他在盖辛格健康系统公司的第一年，所有科室的患者满意度得分均有提高。医院最佳医生的留任率创了纪录，员工敬业度也高于前一年。不过，这还不够。范伯格从不满足，而是精益求精。“当我告诉你这些结果更好时，我是在把我们和其他医院进行比较。”范伯格不想成为平庸之中最好的，他希望在任何行业都能创造最佳的体验。“我希望树立正确对待别人的榜样——尊严、尊重、善良和关怀。”

就像谷歌发现员工希望自己是更大的事业的一部分，范伯格也找到了方法，让员工感到自己是重要事业的一部分。

对范伯格来说，帮助员工找到目标始于加州大学洛杉矶分校医疗中心一项有力的使命宣言：“减轻痛苦，促进健康，表达善意，一次治好一位病人。”范伯格自豪地说，当时加州大学洛杉矶分校医疗中心是美国唯一一个在使命宣言中写明“善意”的医疗中心。盖洛普开展了一项关于最佳和最差医院体验的研究，结论是前两个成功因素中有一个就是“明确的使命、愿景和价值观”。[11] 另外一个成功因素呢？“强有力且看得见的领导力。”如果领导者不能说到做到，使命宣言就没什么用处了。

谷歌和加州大学洛杉矶分校医疗中心是两个截然不同的领域。其中一家公司在研究人工智能，另一家会植入人工髋关节。不过，两家公司的领导者都面临着同样的挑战——如何建立成功的团队。公司的领导者得出了同样的结论：依靠说服的艺术来加强情感纽带，可以提高团队的工作效率、参与度和合作性，最终获得成功。

高效团队的 SCARF 模型

戴维·罗克利用硬数据传授领导者能够彻底改变企业的软技能。

罗克在备受推崇的管理杂志《战略 + 商业》上撰文说，人脑是一个社会性器官。“就像动物大脑会在集中精力觅食之前对捕食者做出回应一样，社会性大脑也会在执行其他功能之前对危及其核心关注点的危险做出回应。”这里所说的“其他功能”是高绩效工作场所的基础，包括参与度、合作、效率、热情和创造力。罗克用“SCARF”这个首字母缩略词来解释古老的大脑是如何帮助领导者建立成功的团队的。[12]

地位（status）

我们不喜欢别人把我们和团队的其他人进行比较，让我们因此相形见绌，这会触发我们的威胁响应。先进的脑成像机器发现，社会地位受到威胁所激活的大脑区域与疼痛和痛苦相关。当我们感到自己受到重视时，会收获很多快乐。罗克写道：“作为人类，我们不断评估在社会上碰到的事会增强还是削弱我们的地位。”多年来，经济学家一直认为，提高“地位”的唯一方法是给人更高的职位、奖金和薪水。毫无疑问，这是一部分。罗克说，一个更划算的做法是表扬那些你想要影响的人，真切而具体地表扬。罗克说：“当人们受到赞扬时，会觉得自己的地位随之升高。”

在我为《会讲故事才是好演讲》一书做调研时，我采访了世界各地拥有并管理着五星级酒店的首席执行官。他们到达了事业的顶峰，因为他们懂得心理学和人类行为。我很惊讶，竟然有那么多顶级的领导者利用故事的力量改变了酒店业，这给我留下了深刻的印象。

要想知道讲故事是如何创造顶级体验的，我们必须先了解自尊心。鼓舞人心的领导者会让人有很好的感觉。如果你能提高一个人的自尊心，你就会赢得他的钦佩和忠诚。五星级酒店的经理经常将故事纳入日常的员工会议，结果真的很神奇，很令人惊叹。普通酒店的经理会召开战术会议，为员工提供完成工作所需的信息。五星级酒店开会的特色是经理要求员工讲故事，分享他们经历过的绝佳的客户体验。会议上通常是一个员工讲另一个员工的故事，或者是经理讲某个团队成员的故事。

在团队成员之间分享故事是以教育为目的，提供优质服务的范例。此外，讲故事也有一个心理目的。它可以提高士气，让员工表现出最好的行为。充当故事主角的员工会受到大家的好评，被团队的其他成员当作榜样。提高一个人的自尊心，你就击中了人际关系的靶心。

确定性（certainty）

人们很讨厌一件事，那就是自己不知情。不确定性会引发根植于大脑杏仁核的威胁响应。你会把一部非常糟糕的电影看完也是这个道理，电影可能不好看，但你需要知道主角最后怎么样了。罗克表示：“不知道接下来会发生什么可能会让人神经衰弱，因为它需要消耗额外的神经能量。”消耗额外的神经能量会阻碍记忆、能量和表现，让人与人疏离。罗克的解决方案是：多多分享。围绕计划进行沟通，解释决策的原因，确保每个人都知道他们的个人表现与团队和大局相关（这与亚里士多德项目的结果很像）。

CME 集团（芝加哥商品交易所集团）是世界上最大的期货交易所，集团的领导者了解到，现代技术引发的变化往往让员工感到焦虑困惑，士气低落。我去芝加哥拜访CME集团时，看到的是一个空旷的交易大厅，有8 000多平方米。成千上万的交易员曾在这里并肩而立，他们穿着五颜六色的夹克，边打着手势边喊着买入或卖出的订单。但我去的那天，那里空空如也，只有几十台电脑显示器发出柔和的光芒，一两个人静静地坐在电脑前。

交易大厅已经成了金融史的一部分。160多年来，人们在面对面的交易中交换着商品，比如黄金、白银和石油，牛、玉米和猪腩。你可能还记得在电影《颠倒乾坤》中看到过交易大厅，或是在美国消费者新闻与商业频道看到用交易大厅做的彩色动画背景。

随着电脑交易的增加，在交易大厅公开喊价的交易数量开始下降。CME集团决定永久性关闭在芝加哥和纽约的交易大厅。这一消息带来了一波怀旧的情绪。“我想念大声喊价的情景。”一位交易员说。交易员讲了一个又一个故事，他们想念过去，想念那种文化，想念他们失去的友谊。电视新闻报道播出了1874年的照片，当时火车将小麦、玉米、牛和猪运到了芝加哥的牲畜饲养场。农民会交易这些商品，可能买入或卖出，对冲价格上涨或下跌的风险。换句话说，这些故事真的牵动着人们的情感。

实际上，传统交易向电子交易的转变已经进行了很多年。大多数交易员已经在舒适的家中对着电脑屏幕进行交易了。虽然交易大厅关闭时有60名全职员工失去了工作，但是新一波技术创造了前所未有的工作岗位。CME集团每天都有数十个职位在招人，包括人力资源、会计、营销和分析等等。然而，变化增加了不确定性，员工感受到了这一点。

内部的一次员工问卷调查给高管敲响了警钟。[13] 员工表示他们很困惑，其中一些反馈如下：

- 我们的工作对公司的目标和愿景有何影响？

- 公司的愿景是什么？
- 公司让我们做一些事情，但我们不知道为什么要做这些事。
- 我们没有目标感。

看到调查结果后，领导者下定决心必须更好地与员工沟通公司的变革。领导者未能清楚地解释公司的愿景，未能将员工的日常工作与成功实现愿景联系起来。值得注意的是，事实证明，在 CME 集团领导者和员工之间建立信任和亲密关系的一个最有效的工具，就是我们所知道的最古老的沟通技巧——分享自己的故事。

CME 集团在公司内网上传了数百小时的视频，全球 11 个办事处的员工都可以观看，有的是培训，有的是季度财务信息。每个视频大约有 500 次的点击量。在调查结果显示公司需要更多的沟通后，公司制作了新的视频，名为《与高管面对面》。公司领导在视频里回答一些问题，比如“你在空余时间会做什么？”“介绍一下你的家庭。”“你最喜欢哪本书？”这些视频很快成为网站上最热门的视频，观看次数是最新的财务信息的四倍。有位员工说：“幻灯片不吸引我，但视频很吸引我。”

CME 集团发现，公司有变化时需要更多的沟通。员工想知道他们应该做什么以及他们为什么要这么做。现在，演讲会考虑信息的情感因素。

自主权（autonomy）

人们希望生活能掌控在自己的手中，希望工作也是一样。我们决定开家专卖店或是跳槽到另一家公司，其中一个主要原因就是更好地平衡工作与生活。罗克说：“降低自主权很容易引起威胁响应。”单单提高自主权，就能增加员工的愉悦感，减轻他们的压力。允许属下自己做出选择的领导会更加成功。

我记得有一次去内华达州的美捷步总部。这家公司是谢家华在旧金山的一间公寓里建立的，它已从一家小型的卖鞋网站发展成为在线客户服务的黄金标准。我在任何一个国家的任何一家公司都未见过像美捷步公司那么快乐的员工。我很快发现，他们很爱自己的公司，因为谢家华给了他们自主权。他们有权为客户做他们认为正确的事情。例如，客服中心的员工没有说话脚本或时间限制。事实上，美捷步刚建立的时候，谢家华为了给公司造势，会和记者玩个游戏。他会当着记者的面打电话给美捷步订购一些公司没有的东西，比如比萨。员工不知道打电话的是他们的首席执行官，虽然这超出了他们的工作范围，但他们还是帮助谢家华找到了解决方案。这绝对会给人留下深刻的印象。

如今，顾客如果打电话给美捷步订购鞋子或衣服，他们不会觉得客服人员着急挂电话。谢家华告诉我，有名员工和一位客户通了几个小时的电话。他并没有问员工为什么在一位顾客身上花了这么长时间。相反，他问："顾客满意吗？"拥有一流客户服务的品牌允许员工以客户的最佳利益为重。美捷步将客服中心视为营销部门的延伸。客服与顾客的每次对话都不是照本宣科，这有助于提高顾客的忠诚度。公司鼓励员工每次接完电话后写封感谢信，这些简单的便笺会加深美捷步与顾客之间的情感联系。

在拜访美捷步期间，我看到公司的所有事情都会在员工、合作伙伴和供应商之间被分享，包括好的，也包括坏的。每日简报和电话统计数据都会贴在白板上，所有人都能看到，包括员工和像我这样的访客，真是透明之至。谢家华在拉斯韦加斯市中心的公寓甚至也写在上面。下次如果你认为自己是一个透明度很高的领导，问问自己是否欢迎任何员工到家里来。谢家华可是说到做到的。

关系（relatedness）

每次遇到新人，古老的大脑就会进入威胁—生存模式。它很快就会试图区分敌友。戴维·罗克写道："卓有成效的合作取决于健康的关系，建立这种关系需要信任和同理心。"[14] 罗克表示，当人们建立强有力的人际关系时，就会触发大脑释放催产素，催产素是一种提升关系的神经化学物质。

吉诺·布莱法里相信缘分。他出生在马萨诸塞州西部的小山区伯克希尔，这里村庄和城镇星罗棋布。"伯克希尔"这个名字随处可见，有伯克希尔干洗店、伯克希尔管道公司、伯克希尔印刷厂。

布莱法里是意大利人，他们家属于工薪阶层。他们一家搬到了加利福尼亚州的森尼韦尔。布莱法里是他们家的第一个大学生。他在当地一所社区大学报了一门房地产课程，20 世纪 80 年代中期开始当房地产经纪人。2002 年，他创立了自己的住宅地产公司 Intero。第一年结束时，Intero 公司完成了 2 400 万美元的销售额。截至 2003 年年底，销售额增长至 55 亿美元。Intero 被评为美国发展最快的住宅地产公司。在 10 年的时间里，它荣升北美第七大房地产公司。当时，美国有 8 万家房地产公司，排名在 Intero 之前的那 6 家公司已经有几十年的历史了。

2014 年 5 月 17 日，布莱法里把 Intero 卖给了伯克希尔·哈撒韦公司，他的生活兜了一圈回到了原点。布莱法里现在是伯克希尔·哈撒韦旗下家居服务公司的首席执行官，这家公司是美国发展最快的房地产经纪公司之一。

在房地产领域，社交关系是成功的关键点。买房是一个情绪化的决定。客户会"爱上"某栋房子，即使它超出了预算。在房地产领域，最成功的经纪人和领导者都是情感关系的大师。吉诺·布莱法里就是一位这样的领导者。

在我们第一次共进午餐的时候，我准备了一些问题问布莱法里。午餐结束时，我只问了其中几个。相反，我回答了他很多问题。他问了我的家庭、我的背景、我的希望和梦想。后来我了解到布莱法里问我这些问题是有原因的，他是在建立信任，这对房地产领导者来说是一个重要的工具，他们的主要工作是招募、留住并激励表现最佳的人。

布莱法里之所以能成为卓越的领导者，是因为他专注于帮助手下的经纪人成为更好的领导者。布莱法里说："如果你帮助他们成长，他们就会更好地为客户服务。信任、尊重和正直决定了这种关系。"[15]

公平（fairness）

神经科学家马修·利伯曼说："经过几百万年的进化，我们成了一个极重社交的物种。"[16] 利伯曼的研究表明，我们的大脑天生就会注意社会地位的威胁。我们都需要归属感，当我们觉得自己在群体中的地位被动摇时，我们的大脑就会做出反应，正如我们的身体经历痛苦一样。我们真心不喜欢受到不公平的对待。"对公平的认知需求会在大脑的边缘系统产生强烈的反应，激起敌意并破坏信任。"利伯曼说。

在 SCARF 模型中，戴维·罗克提到了利伯曼的研究，表明公平是通过透明度实现的。"如果领导者及时分享信息，员工会保持较高的参与度和积极性，即使在裁员期间也是如此。如果人们认为裁员结果是公平的，也就是说没有哪个团队受到了优待，裁员的决定有章可循，员工的士气仍会较高。"

SCARF 模型之所以有效，是因为它的五个组成部分都基于一点：我们的大脑生来就想要加强社交联系。无论鼓励人心的领导者是否意识到了这一点，他们都会因这五点而倍感自豪。

领导者最好的投资就是沟通力

关于因德拉，我们了解很多。我们知道她在印度一个没有自来水的城市长大。她的母亲需要凌晨 3 点起床去水库打水，居民可以从那里的水龙头把自家的罐子、平底锅和水桶接满。因德拉每天有 3 罐水可以用，包括饮用、洗澡和洗衣服。

我们知道她来美国时兜里只有 50 美元，她要从半夜 12 点工作到凌晨 5 点，每小时 3.85 美元的薪酬，她要用这些钱来支付自己上大学的费用。

我们知道，每个月第三个星期的周三，她女儿的学校会邀请妈妈们上午 9 点共进早餐。因德拉因为工作从来都没有去过，她对此感到十分内疚。她问当时 11 岁的女儿介不介意，女儿回答说："不介意，因为你在追寻自己的梦想。"[17] 如今，百事公司的首席执行官因德拉给年轻人提出了同样的建议——追寻自己的梦想。

我们之所以这么了解因德拉的生活，是因为她是一位领导者，她认为讲故事和沟通是激励员工适应她职业生涯中见过的最重大变化的关键。"变化的速度是极快的。"因德拉解释说，百事公司的方方面面都在改变。从吃的东西到吃的方式，食品饮料行业发生改变和颠覆的时机已经成熟。她说："领导者的挑战是举目四望，在为时已晚之前做出改变。"[18]

领导者的工作就是让整个团队或组织去做他们认为不需要做的事情，因为他们看不到未来。领导者必须驱使大家实现这一愿景。动机就是关键。"这可不是激励一小群和你想法相同的创业公司的员工。我们有 26 万员工。当你决定要做出改变时，你必须告诉他们你要做什么、为什么这样做、他们会受到什么影响以及为什么他们要一起朝这个方向努力。"

她说，领导者必须活到老学到老，最好的一项投资就是提高沟通技巧，并且越早越好。“在沟通技巧、书面和口头交流能力方面怎么投资都不为过。作为领导者，你需要不断地调动员工的积极性。不管在小型、中型还是大型团队中，我们都要学习如何激励别人，如何让书面文件简洁有力，切中要害。”[19]

因德拉在耶鲁大学攻读硕士学位时，她希望能够轻松通过那些课程。她拥有印度顶级管理学院的工商管理硕士学位，还获得了物理、化学和数学学位。当时，耶鲁大学要求学生通过一门沟通 / 公开演讲的课程，才能进入下一年的学习。因德拉挂科了。她夏天重修了这门课程。她做什么事情都不喜欢失败，所以这次她专心致志，希望做到最好。“这次有了巨大的变化。”因德拉谈到这段经历时说。

因德拉第一次没有通过那门沟通课程，但后来她全身心投入，成了极善沟通之人。如今，她认为这项技能是她成功的一个关键因素。

美国已故散文家和小说家戴维 · 福斯特 · 华莱士认为，真正的领导者拥有“神秘的品质”，能够激励我们其他人。华莱士给领导力下了一个定义：“真正的领导者能够帮助我们克服自身的局限，包括懒惰、自私、懦弱和恐惧，能够让我们达到比自己做事时更好的效果。”[20]

华莱士说，对于真正的领导者，他们的“权威”来自我们赋予他们的力量。我们之所以这样做，是因为他们给我们带来的感受。我们喜欢站在伟大的领导者面前的那种感受，我们喜欢他们说服我们更努力地工作，说服我们不断进步，说服我们追寻不曾有过的远大梦想。

❾

TED 演讲明星的沟通技巧

演讲能力不是少数人的可选加分项，而是 21 世纪的核心技能。

——克里斯 · 安德森，TED 策划人

理查德 · 图雷尔是一个与狮子和平相处的 12 岁男孩。他还有一种气质，即让观众喜欢他和他的想法。

图雷尔住在肯尼亚的内罗毕。他们家以养牛为生，他们的牧场靠近一处野生动物保护区。保护区与牧场接壤的那部分没有围栏，所以保护区的狮子在寻找斑马时经常会杀死图雷尔家的牲畜。在图雷尔想到解决办法之前，狮子常常攻击他们家的奶牛。图雷尔发现狮子害怕移动的灯光，于是他用电子零部件做了一个会闪光的装置，让狮子误以为有人拿着手电筒走来走去。

TED 大会的组织者得知了图雷尔的发明，邀请他在温哥华举行的 TED 大会上讲讲这个故事。但是，有几个问题。首先，图雷尔十分害羞，他得知自己面对的观众也会听到特斯拉的首席执行官埃隆 · 马斯克、U2 乐队的主唱博诺以及谷歌联合创始人谢尔盖 · 布林的演讲后，更不敢讲了。图雷尔从未坐过飞机。TED 与这位年轻的发明家一起准备这个故事，设计幻灯片，不断演练。最后，图雷尔点亮了舞台，观众站起来对他报以热烈的掌声。当然，他是当之无愧的。

TED 演讲的平均浏览次数大约是 40 万。图雷尔的演讲题目为《我的一个与狮子和平共处的发明》，在我写这本书时它的浏览次数已经超过了 200 万。[1]

现在有超过 1.3 万个 TED 演讲可在线观看，包括独立组织的小型演讲 TEDx。并非所有的 TED 演讲都质量上乘。受邀在 TED 舞台上分享想法并不能保证演讲与观众产生共鸣，或是视频发布到网上时会被疯传。那些脱颖而出并成为明星的 TED 演讲者都具有某些特质，并且练就了特定的习惯。正如 12 岁的理查德·图雷尔所证明的，不管年龄太小，任何人都可以掌握这些技巧。

TED 演讲明星的五个习惯

作为 TED 演讲的策划人或者说老板，克里斯·安德森强烈建议从小学开始教如何演讲。这种技能任何人都能学会，而且现在比以往任何时候都更需要这一技能。“我们所处的时代，如果正确的想法以正确的方式呈现，那么它会以光速传遍全球，在无数人的头脑里被复制，所以找到让其上路的最佳办法将受益无穷。”[2] 安德森写道，“作为领导者或倡导者，公开演讲是开启同理心、释放激情、分享知识和见解、实现共同梦想的关键。”

从 2006 年开始，TED 演讲就可以免费在线观看。这为有创意的人提供了一个平台，让他们可以立即与数百万人分享自己的想法。他们的声音被放大了，并在公开演讲领域引发了一场革命。TED 演讲被大家视为演讲的黄金标准。能受邀在全美 TED 大会上发表演讲是很难的，而想让演讲被全球数百万人欢迎就更难了。TED 演讲视频和文字稿被一起发布到网上，这为研究人员提供了大量数据，可以用来分析哪些演讲脱颖而出，哪些没有。研究人员利用高科技数据分析工具发现，那些令观众难忘的 TED 演讲者实际上采用了经典的修辞技巧。最好的 TED 演讲者将自己与那些已经很出色的人区分开来。TED 演讲明星都有五个演讲习惯。

用图片代替项目符号

TED 的组织者会精挑细选演讲者，并与他们一起创造最好的演讲。在设计幻灯片时有一条永远不能打破的准则，那就是不能用项目符号，无论如何都不能用。

例如，理查德·图雷尔的 7 分钟演讲包括 17 页幻灯片，1 分钟会讲 2 页多。每页幻灯片都是图片，加上他的讲解。7 分钟讲 17 页幻灯片对典型的商业报告来说太多了，因为上面可能会有观众吃不消的图表、表格、图形和文字。但是 TED 的组织者和图雷尔一起设计了一个独特的演讲。TED 演讲风靡全球是有原因的，其演讲者做的可不是一般水平的演讲。

人们喜欢图片，因为它是一种沟通工具，可以追溯到地球上出现人类之初，追溯到洞穴壁画时代。本章谈到的每个概念都将在第三部分做更深入的探讨，不过现在请记住，一项又一项的研究证实，图片比单独的文本更具影响力，更令人难忘。

让观众大笑

即使图雷尔才 12 岁时，又是第一次去美国，他也明白幽默可以把不同文化、不同语言的人联系起来。他说他吓跑狮子的第一个想法是在牛棚附近放一个稻草人。"但狮子非常聪明。它们第一天看到稻草人后离开了。不过，第二天它们说：'这个东西一动不动，总是待在那里'。"说到这儿时，观众都笑了。[3] 稻草人的主意没有起到作用，图雷尔不得不换个方法。神经科学家认为，当我们的大脑感知到笑话时，会释放出一类"感觉良好"的化学物质：多巴胺、血清素和内啡肽。同时，幽默也具有强大的传染性。笑是一种社交信号，当观众笑的时候，仿佛是在说"这个演讲者是招人喜欢的"。TED 给所有演讲者的一个提醒就是：笑是好事。

演员沙鲁克 · 汗不需要别人提醒他要让观众笑起来。2017 年他做 TED 演讲时，开头就告诉观众他是一个 51 岁没有打过肉毒杆菌的电影明星……不过，仅限于目前。沙鲁克 · 汗的演讲现已风靡全球。他是宝莱坞最有名气也是全球收入排名第八的演员。他的声望远远超过了他在印度创造的巨额票房。他出演的 80 部电影已经在世界各地吸粉无数，仅在推特上他就有 2 400 万粉丝。

沙鲁克 · 汗是一位技艺娴熟的表演者，看看他在 TED 舞台上运用了哪项演讲技巧是很有启发意义的。这一点我们很容易发现，那就是幽默。他先用肉毒杆菌的笑话开场，在第一分钟就让观众笑了 6 次。喜剧写作班会教学生们在时间较短的单口喜剧表演中每分钟抖 4 到 6 个包袱。沙鲁克 · 汗达到了较高的水平，他用幽默博得了满堂彩。他在演讲中让观众大笑的话语在此摘录一二：

- 我兜售梦想。我向数百万回到印度的人兜售爱情，他们认为我是世界上最好的情人。如果你们答应我不告诉任何人，我会告诉你们我不是最好的情人，但我永远不会让这个假设消失。
- 有人千方百计地让我明白，今天在场的很多人没有看过我的电影，

> 我真的为你们感到非常难过。这并不能抹杀这样一个事实：我非常非常自恋，电影明星都是这个样子。[4]

在幽默的背后，沙鲁克·汗有一个严肃的话题要讲。通过自恋的电影明星这个笑话，他谈到为了子孙后代，人类应该用心彼此照顾，关爱地球。“人们都和我很像。”他说，“我是一个上了年纪的电影明星，正努力应对所有的新奇事物，心里还在想自己是否做对了。”

肯·罗宾逊爵士是唯一一位在幽默感上超过沙鲁克·汗的 TED 明星。罗宾逊不是演员，而是位教育家。虽然不是大银幕上的明星，但他的 TED 演讲每分钟制造的笑料比许多好莱坞喜剧都多。罗宾逊的演讲题目为《学校扼杀了创造力吗？》，它的观看次数有 45 万，它是 TED 网站上最受欢迎的视频之一。

研究说服的神经科学家大多同意，笑是一种有助于巩固记忆的情感。罗宾逊的幽默一部分蕴含在有趣的小故事或趣闻中，一部分来自自我贬低。例如，罗宾逊说：“如果你在参加晚宴，你说你是做教育的——坦白说，如果你是做教育的，你实际上不会常有晚宴参加，因为你不会受到邀请……”[5]

幽默几乎总能提高人们的参与度，因为它是我们最原始、最根深蒂固的情感之一。虽然你不用非得是单口喜剧演员才能在 TED 舞台上引起轰动，但是多一点幽默有助于你脱颖而出。罗宾逊说：“如果他们笑了，就说明他们在听你讲话。”

分享个人故事

丹·艾瑞里的故事并不好笑。在高三的时候，一场爆炸让艾瑞里超过 70% 的身体三度烧伤。在接下来的 3 年里，艾瑞里在医院接受了无数次手术和整形术，他的梦想瞬间消失了。

艾瑞里在医院里承受了剧烈的疼痛，因为护士要快速地从他身上撕下旧的绷带，就像你手指破了时撕下创可贴一样。然而，与撕创可贴不同的是，艾瑞里揭下绷带的过程长达 1 小时，而且每天一次。他试图说服护士揭绷带时慢一点，这样整个过程可能需要更长的时间，长达 2 小时，但疼痛会少些。护士的回应呢？他们知道最好快速撕掉绷带，而患者应该保持安静。

艾瑞里出院后上了大学，他开始研究人类行为、心理学和经济学。他选择了一个和自己亲身经历有关的研究课题：人们经历痛苦的过程。通过一系列实验，他发现自己的直觉是正确的。虽然护士的本意是好的，并且强烈地认为快速撕下绷带可以减少疼痛，但艾瑞里发现他们应该用较长的时间慢点儿揭下绷带，从而降低疼痛的强度。作为一名行为经济学家，艾瑞里根据自己的经验和研究撰写了畅销书《怪诞行为学》。他也是位 TED 明星，曾 6 次受邀在 TED 舞台上分享他的想法。

艾瑞里在 2009 年的 TED 演讲中首次谈到他在医院烧伤病房的体验。他的演讲视频被疯传开来，世界各地的人都知道了他的想法和研究。从那时起，他的所有演讲视频的观看次数都超过 1 500 万，艾瑞里也因此成为世界上最著名和最受尊敬的行为经济学家之一。他成名的原因是他能够解释人类行为背后隐藏的东西，但他的 TED 演讲为什么成功却不是秘密。TED 演讲的策划人克里斯·安德森说：“那些关于你本人或亲人的故事能够让你与观众建立最紧密的关系。真实讲述失败、尴尬、不幸、危险或灾难的故事，会快速增强代入感。”[6]

在本书的第三部分你会读到，古老的大脑天生就喜欢故事。如今，神经科学家正在实验室利用科学证明，故事是我们与希望被说服的人之间建立深厚而有意义的关系的最佳工具，而这件事我们已经知道几千年了。

珊达·莱姆斯是《实习医生格蕾》和《丑闻》等热门美剧的制作人，她在 2016 年 TED 大会上做了一次关于自己的演讲。这段视频的观看次数已经超过了 300 万。在演讲中，莱姆斯谈到让她害怕的事情——你能想到的金牌电视制片人必须要参加的活动。她决定开始同意做那些让她害怕的事。

“所以不久前，我做了一个实验。”莱姆斯开始说道，“整整一年，我都同意去做所有我害怕的事情，包括任何让我紧张的事、让我离开舒适区的事，我强迫自己答应。我想在公共场合发言吗？不，但我答应了。我想上电视直播吗？不，但我答应了。我想尝试演戏吗？当然不，但也答应了。”[7]

莱姆斯说，结果“很神奇”。做了那些让她害怕的事她反倒觉得那些事没有那么可怕了。“我对公开演讲的恐惧，我的社交焦虑，噗的一声，全都不见了。真是太神奇了，单单是同意做这些事就改变了我的生活。”

莱姆斯曾撰文庆祝《福布斯》杂志创办一百周年，其中她谈到了讲故事在培养人际关系中的作用。“我们所在的世界充满了无数的意见和选择，那些能够把人们聚在一起并讲一个好故事的人拥有超凡的力量。”

莱姆斯和艾瑞里都很有影响力，因为他们能够通过讲故事传播他们的想法。TED 舞台上的演讲者出版过畅销书，开创过事业，发起过强大的社会运动。事实不会帮你开创事业，但故事会。事实不会发起运动，但故事会。

让观众跟得上你的演讲

最好的 TED 演讲极具感染力是有原因的。它们都是经验丰富的演讲者精心准备的，这些演讲者掌握了说服观众所必需的技能。

驾轻就熟的 TED 演讲者懂得如何利用幽默，如何讲述故事，如何构建论点，才能让观众跟得上，记得住。他们主要依靠两点来达成目标：标题（第 12 章会详细讲到）和三法则。

一个标题

克里斯 · 安德森写道："漂亮的幻灯片和魅力十足的舞台表现都很好，但如果没有真正的内容，演讲者所做的至多就是娱乐。"[8] 许多演讲者没有围绕一个中心主题来规划他们的演讲。他们打开幻灯片或者他们熟悉的任何演示工具，然后开始在每页幻灯片上列出项目符号。没有主题，全是项目符号。最好的 TED 演讲者会围绕一个中心主题来设计演讲，并在整个演讲过程中不断重复这个主题。例如：

- 为何爱，为何出轨——海伦 · 费舍尔
- 避免气候危机——阿尔 · 戈尔
- 如何预防阿尔茨海默病—— 莉萨 · 吉诺瓦

我将这些主题称为"推特式标题"，因为在 2 460 场 TED 演讲中，没有一个标题超过推文的 140 个字符。其实，它们大多数都更短。

神经科学家最近发现，在一开始点明主题，会让观众更容易跟上演讲的内容。与在中间或最后点明主题，或干脆没有主题相比，在开头点明主题更令人难忘，更有影响力。在开头点明主题会为剩下的内容搭好框架。

人权律师布莱恩 · 史蒂文森做过一次 TED 演讲，观众起立鼓掌的时间在 TED 30 年的历史上创了纪录。演讲开始的 40 秒内，史蒂文森三次提到"身份"这个词，并给出演讲的主题。"今天我想跟大家谈谈身份的力量。"史蒂文森点明主题后又用了 TED 演讲工具库中的另一个技巧：三法则。

三法则

2017 年 TED 大会的第一天，一位特邀嘉宾通过卫星出现在观众面前。演讲者的名字在演讲之前一直保密。当教皇方济各出现在银幕上时，他点燃了社交媒体。这是教皇第一次发表 TED 演讲。大会的组织者花了一年多的时间进行规划，并多次前往罗马促成此事。

教皇方济各自己决定演讲的内容和方式。因为他的演讲时间和其他 TED 演讲者相同，都是 18 分钟，所以他选择了三点内容：

（1）我们都需要彼此。“只有团结起来，我们才能创造未来。”

（2）平等和社会包容应该成为科技进步的一部分。

（3）我们需要一场“温柔革命”，一场“从心开始”的运动。[9]

教皇方济各不是随便选了三点内容。他这么选是有原因的。教皇方济各曾经说过，他在神学院学习过公开演讲，他印象最深的一个说服因素就是三法则，每次演讲他都会用到。

三法则是一个公开演讲的经典方法，其根源可追溯到亚里士多德及同时代的古希腊演说家。如今，神经科学家已经证明了那些演说者凭直觉知道的东西：一般人在短时（工作）记忆中可以记住 3 到 4 条信息。教皇方济各坚持使用三法则，许多其他 TED 明星也是如此：

- 莱拉·霍泰特讲述了阿拉伯女企业家成功的三个秘诀。
- 斯图尔特·拉塞尔解释了创建更安全的人工智能系统的三个原则。
- 莫娜·沙拉比介绍了发现可疑统计数据的三种方法。
- 化学老师拉姆齐·穆萨拉姆给我们讲了让学生兴奋起来的三种方法。

许多顶级 TED 演讲者都发现，简单的三法则是让讲话和文字具有说服力的基石。

向观众保证他们会学到新东西

我分析了有史以来最受欢迎的 25 个 TED 演讲，发现它们都有共同的特征：每位演讲者都保证观众可以学到以前不知道的东西，演讲内容的包装方式新颖或出人意料。例如：

- 学校扼杀了创造力吗？看看肯·罗宾逊的 TED 演讲就知道了。
- 关于性高潮，有十点你是不知道的。玛丽·罗奇会讲给你听。
- 伟大的领导者用一个问题就可以激励大家行动起来。西蒙·西内克会告诉我们他们是如何做到的。
- 是什么无形力量在引导我们的行为，托尼·罗宾斯会告诉我们答案。
- 有一种说话的方式，人们愿意倾听。朱利安·特雷热告诉我们如何让说话听起来更美。
- 令人惊奇的新科学解释了为什么即使事情不顺利，人们也会高兴。丹·吉尔伯特分析了我们的“心理免疫系统”。

学习是会上瘾的，这要归功于颞叶中的杏仁状灰质，即杏仁核。当你收到新信息时，杏仁核会释放多巴胺，这是你大脑内的自然“保存”按钮。这就解释了为什么我们学习新东西会感到兴奋，我们是天生的探险家。1985 年，罗伯特·巴拉德发现了泰坦尼克号的残骸。他的 TED 演讲《令人惊奇的深海世界》赢得了观众的站立鼓掌。那之后我采访了巴拉德，他说：“任何演讲的使命都是讲解、教育和启发。只有告诉人们一种新的看待世界的方式，才能激发他们。”[10]

当你给人们提供一个新的视角时，就是在发掘他们延续了数百万年的适应能力。如果我们的原始祖先没有好奇心，不去探索周围的世界，我们很早以前就灭绝了。需要探索、需要学习新的东西、需要被新奇事物吸引已经植根于我们的遗传基因中。为观众提供些值得回味的新东西吧。

因为人们渴望创意，TED 演讲的观看次数每天都会新增 300 多万。你的想法比以往任何时候都重要。今天，我们也有比以往任何时候都多得多的工具，可以在全球传播我们的声音。激发人们超越自身环境、想象未来世界的能力，是一种应该被分享、培养和锻炼的天赋。在本书的第三部分，你将学到具体的方法和技巧，如何做到有说服力地分享自己的想法。一个伟大的想法可以照亮世界，让我们照亮你的世界吧。

第三部分

打造顶级沟通者的秘诀

❿

情感原则

因为人类的沟通方式无法让彼此理解，所以我们正在消亡。这听起来有些夸张，但我认为事实就是如此。

——艾伦·阿尔达，演员、《美国科学前沿》的主持人

比尔是俄勒冈大学的田径教练。有一天，他收到了一则令人兴奋的消息。一位富有的校友捐赠了100万美元，为学校修建新的聚氨酯塑胶跑道。然而，比尔的热情并没有持续很长时间，因为他意识到他的跑鞋在新的跑道上无法获得牵引力。一个周日的早上，比尔吃早餐时盯着厨房的台面，注意到了华夫饼烤盘。他每天都会看到这个小家电，但从未这么盯着看过。比尔想，它的那种网格可能会比现有的跑鞋有更好的抓地效果。

比尔把烤盘拿到了车库，倒上了氨基甲酸乙酯，然后进行加热。结果失败了，这种化学药品把烤盘粘在了一起。他又买了一个华夫饼烤盘，尝试了另一种化学药品，结果还是失败了。比尔并没有放弃，不过他不再用真正的华夫饼烤盘了。他模仿华夫饼烤盘在一块不锈钢板上打了孔，并用它做了一个橡胶模具，缝在跑鞋的底部。第一个试穿的学生

运动员“跑得像兔子一样”。在厨房的那一刻，俄勒冈的这位教练，也是耐克的联合创始人比尔·鲍尔曼改变了几代人跑步的方式。

你可能听说过耐克的“华夫饼”故事。这是商业领域一个著名的故事，但耐克的联合创始人菲尔·奈特赋予了它灵魂。

1980 年，耐克上市。奈特和公司高管去纽约路演，让投资者相信他们的愿景和品牌值得支持。

奈特用鲍尔曼的故事结束了演讲。“我谈到了他的聪明、勇敢，还有他那神奇的华夫饼烤盘。”奈特在他的自传《鞋狗》中回忆道。[1] 这个故事有一定的道理。“我想让那些纽约人知道，虽然我们来自俄勒冈州，但不应该受到轻视。懦夫从不启程，弱者死于路中，只剩下我们在前行。”

奈特在芝加哥、达拉斯、旧金山和洛杉矶的银行家面前再次讲了这个故事。7 天，共计 12 个城市。这个故事象征着这个品牌的创新精神。

今天，耐克全球总部本身就是对公司故事和历史的一种庆祝。大楼和道路以耐克的创始人命名。年轻的员工渴望了解公司的起源，而公司高管会讲给他们听。高管被指定为企业的故事讲述者。他们会讲菲尔·奈特用普利茅斯 Valiant 汽车后备厢卖跑鞋的故事。他们会讲神奇的华夫饼烤盘的故事。他们还会讲史蒂夫·普利方坦的故事。普利方坦是俄勒冈州一位传奇的长跑运动员，在车祸中丧生。奈特谈到他时几乎带着一种精神上的敬畏。

在耐克，过去的英雄事迹激发着未来的创新。

美国著名商业杂志《快公司》刊发了一篇专题文章，讲述了耐克的讲故事文化。“随着耐克不断壮大，公司的故事讲述者觉得他们的使命越来越重要。”[2] 耐克的讲故事计划开始于数年前，公司会向新员工做一个长达 1 小时的介绍。如今，耐克的故事已经渗透到公司文化的方方面面。新员工会去俄勒冈州比弗顿的耐克总部参加为期一周的“新秀营”。

他们会在尤金待上一整天，熟悉公司的过去。他们会看到鲍尔曼曾执教的跑道以及普利方坦的致命车祸现场。“我们要把今天所做的事情与耐克的传统联系起来。”[3] 一位培训经理说，“如果我们理解我们今天存在的原因、我们的根基，以及我们是谁，那么我们就会明白我们所有的产品仍然以提高运动员的表现为根本。这与比尔·鲍尔曼在工作室里为运动员修补和制作鞋子时没有什么不同。”

游客参观耐克全球总部时会注意到，所有的大楼都以公司的创始人或帮助耐克建立品牌的运动员命名。鲍尔曼最初的华夫饼烤盘甚至也在一栋楼里展出。菲尔·奈特就想这样做。他希望人们真正了解那些让耐克超越了品牌的人。“我看到的不是大楼，而是庙宇。如果你有意为之，任何大楼都是一座庙宇。”奈特写道。[4]

故事是我们说服别人时最好的语言工具，这一点菲尔·奈特十分清楚。奈特在伟大领导者的工具箱中添加了一个秘密武器：情感。根据亚里士多德的说法，情感通过吸引观众的兴趣达到说服的效果，而故事是我们吸引观众的最直接的方式。耐克员工通过记住过去的故事，从而受到鼓舞去创造未来。

故事是不可抗拒的

艾伦·阿尔达曾 6 次获得艾美奖，他因在经典美剧《陆军野战医院》中扮演鹰眼皮尔斯而出名。阿尔达对科学的兴趣使其成为美国公共电视网（PBS）获奖节目《美国科学前沿》的主持人。11 年来，阿尔达在节目中采访了很多科学家。他认为，拥有最佳创意的人往往沟通能力很糟糕。他在纽约州立大学石溪分校创建了艾伦·阿尔达传播科学中心，希望解决这个他认为十分迫切的问题。

阿尔达写道："你管理着一家公司，你认为很了解自己的客户和员工，你认为他们都明白你在说什么，但事实并非如此，客户和员工都不断离开。你是一名科学家，但无法得到资助，因为资助方搞不懂你在说什么。你是一名医生，面对需要帮助的患者表现出了厌烦……不过，事情大可不必弄成这样。"[5]

阿尔达表示，出现以上这些问题，是因为沟通中少了点儿东西，即同理心或者演员所说的"理解"。阿尔达认为，如果人们在理解和沟通上失败了，会对职业、社区以及我们的地球造成严重后果：

> 会计师解释税法时，我可能完全听不懂。推销员解释保单时，似乎根本没有什么现实的依据。当我意识到几乎每个人都误解了他人时，其实并不是一件事又一件事的叠加。这种误解也许不会发生在所有时间，也不会是完全的误解，但足以把事情严重搞砸。因为人类的沟通方式无法让彼此理解，所以我们正在消亡。这听起来有些夸张，但我认为事实就是如此。当患者不理解医生的话因而不遵医嘱时，当工程师无法让一个小镇相信大坝可能会决堤时，当父母无法赢得孩子的信任不足以让她远离致命的药物时，就可能出现严重的后果。[6]

阿尔达想要知道我们如何才能理解对方，所以他找到詹姆斯·麦高，他是学习和记忆领域著名的神经生物学家。这位加州大学欧文分校的教授一直在研究为什么有些记忆生动永存，而有些记忆却很容易被忘掉。

麦高问阿尔达："你还记得你的初吻吗？"[7] 阿尔达当然记得，大多数人都会记得。事实上，你可能会回忆起当时在哪里、具体的细节，甚至空气中的气味。麦高说："我们记得与情感有关的事情。所有的诺贝尔奖得主都清楚地记得他们领奖时在哪里，做了什么。他们说领奖过程‘刻’在了脑海里。不管是十分快乐还是相当恐惧的经历，都会被记住，因为它们激发了我们的情感。”

情感是大脑的古老机制，会帮助我们记住重要的事，忘记其他的事，因为毕竟不是每件事都同样重要。如果你每件事都记得清清楚楚，大脑会很难运转。有些记忆会被存储起来，而有些则不会。

麦高表示，情感有助于我们记住事物，但“来点儿压力”可以让记忆深深地印在我们的大脑中。

来点儿压力？我们去哪儿找呢？事实证明，关键是要利用我们所有人自然而然会碰到的东西。说它自然，是因为它深藏于我们的遗传基因中。它是一种触发大脑释放化学物质的方法，这些化学物质在原始社会对社交关系至关重要，如今依然如此。

这个方法就是讲故事。故事中嵌入紧张的情节，嵌入冲突和障碍，就相当于施加了一点儿压力，让听众保持全神贯注。故事是不可抗拒的，因为我们天生就通过故事思考，通过故事理解周遭世界，通过故事分享创意。掌握讲故事这门古老的艺术，你将在现代世界脱颖而出。

人类大脑天生爱故事

普林斯顿大学的研究员尤里·哈森说：“讲故事真是太神奇了。”我们第 3 章提到过哈森。他对这一点了然于胸。哈森带领研究小组使用功能性磁共振成像机器扫描参与讲故事的人的大脑，既包括讲故事的，也包括听故事的。

让我们想象一下，我将要给你讲一个真实的故事。这个故事是关于我父亲弗朗西斯科·加洛的，他是第二次世界大战中的战俘，在埃塞俄比亚的一个荒凉的战俘营被囚禁了 5 年，靠大米和水为生。他传授给我的经验我现在一直记得，那就是要用勇气、坚忍和希望面对生活。

现在，让我们想象一下，我们的头皮上放置了微小的电极。你和我都与哈森的大脑扫描机器连在了一起，此外还有 4 个人。我们所有人——我、你和其他 4 个人，都与机器相连。

在我讲故事之前，哈森扫描了你的大脑。扫描显示了你的脑电波，因为大脑一直在工作，即使你沉默地坐在黑暗中。关键是你的脑电波与其他 4 个等着听故事的人截然不同。房间里没有哪两个大脑是同步的。

我开始讲了，随着故事的展开，哈森看到了扫描图像的变化。你的脑电波和其他人的脑电波在处理声音的大脑区域也就是听觉皮层上下波动。突然间，神奇的事情发生了。“受试者被故事吸引了。”哈森说。换句话说，你们的脑电波开始同时上下波动，血液也流向大脑的同一区域。你和其他听故事的人保持同步，也和讲故事的我保持同步。哈森称这种现象为“神经振荡—外界节律同步化”，也就是说话者和听众的大脑实现了同步。

为了证明是故事本身导致的同步，哈森用俄语录制了我的故事，并将其播放给不懂俄语的人听。他看到了听觉皮层的变化，因为听者的大脑正在处理声音，但扫描没有显示同步性。只有故事，一个易于理解的叙事，才能让听者的大脑实现同步。此外，“只有我们讲述完整、连贯、引人入胜的故事时，大脑深处或者说包括额叶皮质和顶叶皮质的高阶区域才会有反应，并且这些区域的反应非常相似”。[8]

最近，德雷塞尔大学的生物医学工程师利用功能性近红外光谱仪研究了两个人自然对话的情景，不是在实验室那么正式的环境中。功能性近红外光谱仪比功能性磁共振成像机器更为先进，用光测量神经活动，研究人员可以了解大脑不同部位的血流量。这项研究以哈森的研究为基础，但目的在于更准确地测量两个人互相讲故事时的大脑情况。研究人员的结论证实了哈森的实验：当说话的人讲述真实的故事时，听者的大脑与说者的大脑步调一致。

在一项又一项的研究中，神经科学家使用最新的技术验证了我们几百年来凭直觉知道的事。人类的大脑天生喜欢故事。自从人类开始彼此沟通，我们就会讲故事。人类学家认为，懂得用火是人类发展的一个重要里程碑。火可以煮熟食物，为人类提供了大脑体积增加所需的蛋白质。篝火还延长了白天的时间。我们的祖先不像白天时那样狩猎和采集，而是坐在篝火旁讲故事。人们用故事的方式通知营地其他人潜在的威胁，传授制作工具的新方法，并激发想象力。

好了，现在我们知道情感诉求是说服的重要组成部分。我们也知道，故事是我们满足这一诉求的最佳工具。不过，所有的故事都是相同的吗？还是有的故事更有力量？

根据哈森的研究，强调两个人共同之处的故事会让讲的人和听的人大脑更为同步。如果我能找到和你的共同点，我将更有可能说服你站在我的角度看世界。

马云魔力——找到和听众的共同点

马云的父母是中国的评弹演员。评弹是一门有着 400 年历史的表演艺术，融合了音乐和故事。这是一门说唱艺术，艺术家用生动的语言和形象来唤起观众的情感。父母掌握的这门艺术让马云深受影响，他爱上了讲故事这门艺术，当了一名英语教师。当时，马云在中国每月只能挣大概 80 元。虽然这微薄的工资是他支付一居室房租的唯一来源，但马云还是放弃了教学工作，创办了一家电子商务公司，他想把小企业与世界各地的顾客联系起来。如今，他创立的阿里巴巴已经成为全球最大的网上购物中心，而马云也成为中国最富有的人之一，进入全球富豪榜前 30 位。

据在阿里巴巴成立早期为马云工作过的员工回忆，他是“一个颇有魅力的演说家”，能够鼓舞听众，他的愿景极具感染力。阿里巴巴前顾问邓肯·克拉克写了一本关于马云的书。他认为马云讲故事的技巧（毫无疑问受到了父母的影响）是他成功的关键因素。邓肯写道：“凭借战胜挑战和排除万难的故事，马云经常让观众流下眼泪，甚至包括久经沙场的企业高管。”[9] 不过，马云可不是随便讲故事。他会为观众量身定制故事，从而与其建立情感联系。马云会引用最近某个国家流行的电影，甚至会提到观众熟悉的英雄和故事。“面对中国听众时，马云经常引用他最喜爱的武侠小说或中国革命史。”[10] 当一位美国同事问马云他如何把这个故事讲给美国人时，马云说他不会引用这些。“要激励你，我会讲乔治·华盛顿和樱桃树的故事。”他说。

“马云是一位诉诸情感的大师。”邓肯写道，“他有一大堆打磨好的故事，主要来自他的童年和阿里巴巴起步的时候。仔细看看他的所有演讲，你会发现他 17 年来基本上发表的都是同一个演讲。然而，他巧妙地调整信息以匹配观众的情绪和期望，使得每次演讲都让人倍感新鲜。”[11]

马云会讲他自己的奋斗史，来激励他人追求梦想。他公开讲述自己高考失利的故事……共有两次。他讲过高考 120 分的数学卷子他只得了 1 分。他还讲过自己被哈佛拒绝的故事……被拒 10 次。他讲了自己找工作被拒 30 次的故事，其中包括一份肯德基的工作。他还讲了自己距离破产还有 18 个月的故事。他的失败故事教给我们重要的一课：坚持不懈的价值。马云说：“最大的失败就是放弃。永不放弃。今天很残酷，明天更残酷，但是后天很美好。”[12]

草根出身是很好的故事素材。如果你克服了生活、职业或事业中的逆境，那么一定要分享这个故事，因为我们天生爱听白手起家的故事。我们之所以爱听，是因为我们需要这种故事。心理学家说，奋斗是人类经历的一部分，我们会在艰难中找到意义。战胜困难或扭转悲剧的故事会点燃我们的内心之火，因为奋斗是自然的一部分。排除万难取得成功的故事会激励我们所有人成为最好的自己。值得注意的是，马云表示，他受到了一个故事和角色的启发，这个角色就是阿甘。汤姆·汉克斯1994年在电影中扮演的这个角色，没有因为较低的智商而停止追逐梦想或接受挑战。阿甘从不认为自己处于劣势，他是永远的乐观主义者。马云曾经说，他从电影中看到了自己的故事、自己的梦想。马云每次遇到挫折，都会看这部电影。这部电影教会他永不放弃。这就是故事的力量。故事会提振我们的精神，带给我们希望。马云的魅力被称为“马云魔力”。现在你应该知道，马云真正的魔力在于能够编织一个大家感兴趣的故事。

说服的目的要落在听众的行动上

如果你想让别人把打开他们心门的钥匙交给你，就给他们讲个故事。如果你想让他们把新车的钥匙交给你，也可以讲个故事。

1997年，菲尔·沃尔访问了南非约翰内斯堡的一个儿童福利院，遇到一个名叫佐德瓦的女孩。她当时18个月大，母亲患有艾滋病，9个月前抛弃了她。菲尔和妻子温迪想要领养这个女孩，领养手续办理了8个月，但佐德瓦的祖母最后站出来说要照顾她，领养只能以失败告终。

菲尔和温迪伤心透顶，但他们振作起来，将失望转化为行动。他们下定决心要帮助其他孩子，于是开设了一家慈善机构来改变孤儿的生活。菲尔·沃尔在英国温布尔登办公室的电话中告诉我："我们决定用一生的时间帮助非洲那些没有爸爸妈妈的孩子。"[13] 如今，他们的慈善机构"我们看见希望"（WeSeeHope）每年资助 15 万名儿童，共筹集了 2 000 万美元。

菲尔·沃尔讲了他自己的领养故事，因为这个故事可以与观众，即潜在的捐赠者达成共识。沃尔说："人们发现自己会从内心与别人的故事产生共鸣。作为一名父亲，我给其他同为父母的人讲了那个我觉得我让她失望了的孩子。当我告诉他们我想改变成千上万没有爸爸妈妈的孩子的生活时，他们会理解我的故事，并表示同情。"

与其说沃尔做的是慈善事业，不如说他是在建立关系。

1998 年，沃尔和妻子拿出了他们为买房攒下的 7 000 美元，还向别人借了几千美元。他们要在很多人面前介绍他们的慈善事业。演讲结束后，他们向观众发了 1 300 个信封，每个信封里都放了 10 美元。他们提出了一项挑战，拿到信封的人可以把它还回来，可以自己留下，可以用他们的才智、技能或关系想出创意，把 10 美元变成 100 美元。在接下来的 5 个月，分发给 1 300 人的 1.3 万美元为"我们看见希望"筹集了 200 万美元。

有个人的回复沃尔记得特别清楚。一个收到里面装着 10 美元信封的人突然给他打了个电话。那个人说："我留着你的 10 美元，回报是我一辆车的车钥匙。"这是辆阿斯顿·马丁 DB7，一款豪华运动型轿跑车，在拍卖会上拍了 4.3 万美元。

沃尔告诉我："人类精神的核心是故事和目标。西方社会最大的缺陷之一就是缺乏意义。当人们被一个故事吸引，并在故事中看到自己时，他们就会给予，并且非常慷慨。"

压力能让故事更难忘

分歧在科学研究中是不能避免的，但在说服这个话题上，神经科学家几乎达成了共识：故事是我们将思想传递给别人的最佳工具。故事会引发大脑释放神经化学物质，迫使我们注意说话者，同情他们，理解他们，并对他们的想法感到兴奋。人类渴望故事，需要听故事。故事是不可抗拒的，讲故事的人魅力无穷。

有一天，我给一些商务人士上沟通课的时候遇到了伊桑，他是一家中型公司的经理。[14] 伊桑想要在自己的职业生涯中有所进步，从项目经理晋升到业务拓展总监，这个职位需要有自信演讲的技能。伊桑的老板曾建议他上这门课，提高他拿到更多大单的能力。

伊桑的公司面临着一个挑战。在它所在的那个地区，竞争对手都通过人为压低价格来赢取项目，此举损害了该地区的所有公司。可是，通过低报价拿到项目的公司会在项目中间抬高价格，以弥补最初的低报价。评标委员会不信任承包商，但也面临着寻找最低报价的压力。

伊桑的公司以其公开透明的流程而自豪。它可以提供证据（即理性诉求）说明从长远来看，最初报价较高的投标人会为客户节省资金。但仅凭事实往往不足以说服潜在客户。

如果我们看一下亚里士多德所说的说服的原则——理性诉求、人品诉求和情感诉求，那么伊桑在理性诉求（即支持论点的证据）上得分很高，但在另外两点上还需努力。

说到人品诉求，伊桑是个有信誉的人。他正直诚实，但很内向，不爱说话，比较腼腆。伊桑是讲信誉的，但别人不知道。在情感诉求方面，伊桑也比较欠缺。在课堂上除了介绍他的职位和工作以外，伊桑没有主动提供任何有关自己的信息。他多用一个字回答问题，班上的人尽全力让伊桑放开些，但很难让他说出更多的话。

不过，伊桑听同学讲述自己的故事听了两天后，突然有了灵感。他想到了一个自己的故事，可以在情感上打动别人。他站在同学们的前面，做了一个新演讲。他先承认了客户的担忧，然后讲了一个他与客户有共同点的故事。伊桑决定这样开场：

> 建筑是个很严肃的行业，可能会有财务风险、安全风险和健康危害，还有时间限制。您肯定希望把项目交给胜任的人。我们已经把我们的资质证书交给了您。您可以在里面找到我们的简介、证书、过去做过的项目，还有推荐信。我在这里讲一个这些事情背后的故事，也就是潜在的驱动力，这是我父亲教给我的。除了建筑之外，我还很喜欢航海，这是我一辈子的爱好，我父亲也一样。我 14 岁的时候，有一场热带风暴向我们岛上袭来。我们在房子外面钉好了木板，准备迎接风暴。风暴避开了陆地，一直在海上盘旋。我们没有受到直接的打击。我当时算是个航海高手，从 8 岁起便开始在全国各地参加比赛，航海是我的拿手好戏。实际上，我有点儿骄傲自大。我们家在港口有一艘小艇，我告诉父母我要去查看一下。风在呼啸，海在翻滚。我知道这是个愚蠢的想法，但我还是说服了伙伴和我一起出海。开始我们玩得很开心，可后来一个大浪打来，船沉了，我们不得不游回去。有人看见了，打电话给我父亲。最后我游到了海滩，父亲拿着毛巾等在那里。他把毛巾递给我，带着浓重的法国口音说：“你可能是个航海高手，但还有很多航海技术要学。”我很沮丧，因为我让父亲失望了。他给我上了一课：你所拥有的才能、知识和经验必须有纪律、判断力和献身精神的支持，否则你可能会遇到很多麻烦。这一点我当时并不知道，但现在明白了。

如果你看过《美国达人秀》或是全球各地的类似节目，你就会知道班级同学对伊桑的故事有什么样的反应了。当表现超出预期，摄像机会转向震惊而高兴的观众。伊桑讲完故事后，班级同学的反应也一样。大家都惊呆了，笑着看着彼此，有些人在故事中间鼓起掌来，还有位女士指着自己手臂上的鸡皮疙瘩。伊桑卸掉了自己的盾牌，向大家展示了他性格和背景中有趣的一面，并赢得了他人的钦佩。每个人都有自己的故事。

你可能已经注意到了伊桑的故事是“有点儿压力”的。当他谈到在暴风雨中航行时，赋予了故事一定的张力。压力会让故事更难忘，有助于与观众产生情感共鸣。神经生物学家拉里·卡希尔可以证明这一点。

卡希尔与詹姆斯·麦高博士同在加州大学欧文分校研究记忆学。卡希尔因“冰水”实验而出名。在这个实验中，受试者坐下观看一组幻灯片，研究人员同时测量他们的情绪反应。幻灯片上是一些照片，比如蛇、枪或花，可以引发各种情绪反应。受试者看完幻灯片后，手放到一碗冰水中。科学家用冰水来触发压力荷尔蒙的分泌。

卡希尔一周后测试了受试者的记忆情况。与对照组相比，那些把手放在冰水中的受试者更清楚地记得那些引起情感反应的幻灯片。压力荷尔蒙有助于巩固大脑中的记忆。这说明了什么？我们可以通过增加一点压力来唤起情感。只需少量的情感就可以增强故事的效果。

让受众行动的三类故事

有三类故事你可以并且应该加入希望说服别人采取行动的对话或演讲中。它们是：

- 有关个人经历的故事
- 有关顾客或客户的真实故事
- 有关品牌或公司历史上标志性事件的故事

有关个人经历的故事

不管是自己经历挫折后取得成功的故事，还是由悲转喜的故事，都很有力量。把奋斗和成功当作修辞手段，我们能够彼此建立更深入、更有意义的关系。

举个例子，我曾在沃尔玛见过一位高管。她面临的挑战是在每个月的新员工会议上分享沃尔玛的文化，这些会议规模都很大。沃尔玛每月收到 1 万份申请，有 200 多万员工。从没有经验的零售人员到经理，再到坐在阿肯色州本顿维尔公司办公室的高管，所有新员工都要听这位经理的主题演讲。

这位经理掌握着沃尔玛的很多事实和数据，但我们认为个人故事有助于她和新员工建立联系。在我们的交谈中，经理对我说："你知道，卡迈恩，我们的口号是'花更少的钱，过更好的生活'，这真的是有意义的。"

"是吗？给我讲讲。"我说。

"我的姐夫得了肌萎缩侧索硬化症。他的健康状况恶化时，我帮姐姐照顾他。他每月的护理费用不断增加，所以我向姐姐建议在沃尔玛购物省点儿钱，这是我来沃尔玛工作之前的事情。买同样的东西，我们每月节省了 300 美元。用剩下的钱，我们买了一辆方便轮椅上下的面包车，我的姐夫也有了更多的自由。他甚至用这辆面包车参加了我外甥的大学毕业典礼，我外甥永远都不会忘记这件事。"

当时房间里就有人在擦眼泪，我问她有没有她姐夫的照片。"如果你讲这个故事，再放些你姐夫的照片，那么所有人都会永远记住公司的使命以及它对每位顾客的生活意味着什么。”

在接下来的新员工会议上，她讲了这个故事，还放了照片。随后，一名新员工走到她面前说：“这是我听过的最激动人心的一次演讲。”

“我只有一点没做到。”几周后这位经理告诉我。“我无法满足和新员工共进午餐的请求。我的下一个沟通挑战就是学习如何委婉地拒绝别人。”她开玩笑说。

沃尔玛的首席执行官董明伦曾在公司股东大会上说：“在沃尔玛，我们所有人都喜欢故事。故事会让人有一种特别的感觉。我们喜欢讲故事，我们记得听过的故事，我们重复并传递着故事，我们也写故事。我们在共同谱写我们公司的故事。”

有关顾客或客户的真实故事

作为四大会计师事务所中发展最快的公司，毕马威发现讲故事可以赋予员工目标感。毕马威针对公司的数千名管理人员和员工进行了一次内部调查，结果发现“工作场合由强烈的目标感所激励，这对员工的参与度至关重要”。[15] 毕马威把讲故事作为管理培训的一个重要部分，帮助每个人了解品牌的悠久历史和影响力。毕马威人力资源副主席布鲁斯·普福说：“我们发现，如果只是自上到下告诉员工更高的目标，并不会成功。”[16] “从实习生到董事长，我们鼓励每一个人分享他们自己的故事，讲一讲他们的工作发挥了什么作用。”毕马威建立了讲故事的文化后，员工的流动率暴跌，士气暴涨，利润迅速飙升。

有关品牌或公司历史上标志性事件的故事

我曾有幸与旧金山 49 人队的传奇球星德怀特·克拉克共进午餐。他告诉我说："卡迈恩，真的很有意思，我的职业生涯中共接住了 560 次传球，但所有人都想听那次'制胜达阵'的故事。"[17]

"制胜达阵"（the Catch）在维基百科上有自己的词条。它是美国职业橄榄球史上最著名的一记球。那是在 1982 年 1 月 10 日，克拉克在美国职业橄榄球大联盟的季后赛中接住了乔·蒙塔纳的传球，将旧金山 49 人队送入了超级碗的比赛，并赢得了比赛。这支球队进而在 20 世纪 80 年代 4 次夺冠超级碗。克拉克将这记球画在他亲笔签名的橄榄球上。德怀特·克拉克不仅是一个人，也是一个品牌。"制胜达阵"是他的标志性故事。你的标志性故事是什么？每个人都有自己的标志性故事，每家企业、每个创业公司或品牌也都有自己的标志性故事。

影响标志性故事的七个要素

"标志性故事是一种随着时间的推移可以不断地被利用的重要资产，它可以在公司内外提供灵感和方向。"加州大学伯克利分校哈斯商学院营销学教授戴维·阿克和斯坦福大学工商管理研究生院的营销学教授詹妮弗·阿克写道。[18]"标志性故事是获得关注、与人沟通、说服别人、改变行为和促成讨论的有力方式。标志性故事几乎总是比简简单单传达事实或特征更有效率和影响力。"

在一篇有关标志性故事的论文中，阿克夫妇举了下面这个例子：20 世纪 70 年代中期，有一位顾客走进了诺德斯特龙百货公司位于阿拉斯加费尔班克斯的分店，要求"退掉"两个磨损的雪地轮胎。这个时刻很尴尬。诺德斯特龙从一家鞋店发展成百货公司，从未卖过轮胎（不过，另一家公司曾经在这家分店所在的地方卖过）。尽管如此，凭借公司慷慨的退货政策和客户至上的文化，那位在诺德斯特龙百货公司工作了几周的销售人员知道自己该怎么做。他立刻收回了雪地轮胎，把钱退还给顾客。

诺德斯特龙百货公司以慷慨的退货政策而闻名，所以员工面对顾客能够做出正确的决定。百货公司的领导者以及耐克、埃森哲、毕马威、西南航空公司等很多公司的高管都通过故事来强化公司文化的价值。备忘录、电子邮件、幻灯片或一沓沓的培训材料无法取代引人入胜的标志性故事。

阿克表示，一个有影响力的标志性故事包括以下七个要素：[19]

（1）它得是个故事。标志性故事就是一个有开头、中间部分和结尾的故事（问题解决）。

（2）它得引人入胜。阿克夫妇表示，一个引人入胜的故事“是发人深省、新颖有趣、内容丰富、令人愉快的”。

（3）它得真实。故事的角色、场景和挑战必须真实。一个听起来不真实的故事会被认为是虚构的，可能会损害讲故事的人的可信度。

（4）它得有细节。生动或重要的小细节会增强故事的真实性。在沃尔玛的那个故事中，我提供了一个关键细节：那位演讲者每月节省了300美元。观众不需要知道单子上的每一项以及她在每样商品上省了多少钱。太多与中心思想无关的信息会削弱故事对人的情感的影响。

（5）它得有惊喜。对电影而言，就是转折，就是M. 奈特·沙马兰①时刻，这时观众会说“哇，我没想到是这样”。

（6）它得引入能够引起共鸣的角色。听众应该可以从故事的主人公身上看到自己的影子。

（7）它得有冲突和张力。所有伟大的故事都由冲突和张力构成。如果没有挣扎或冲突，故事就会变得很无趣。一位能够引起听者共鸣的主

① 美籍印度裔导演、编剧、制作人。

人公克服了重重障碍，最终取得成功，这种故事是不可抗拒的。

将这七个要素融入故事中并不像看起来那么令人望而却步，我们可以用一两个词标注一下。举个例子，我是加州葡萄酒行业的粉丝，因为这里有太多故事和讲故事的人，包括特立独行的人、开拓者以及热情而有创意的企业家。葡萄酒和讲故事是天造地设的一对。下面是加州纳帕谷鹿跃酒窖的标志性故事，我把标志性故事的要素标在了括号里。

1976 年，巴黎举办了一场葡萄酒盲测。当时，大多数国际葡萄酒评论家都认为，加州葡萄酒的品质无法与法国葡萄酒匹敌，更不用说比赛了（细节，引人入胜）。

因为是盲测，所以评委们不知道自己品尝的是哪里的酒。开始统计得分了（张力）。令人震惊的是，来自纳帕谷鹿跃酒窖的一瓶 1973 年的赤霞珠获得了一等奖（惊喜，曲折）。

有些评委无法相信这个结果。他们很气愤，觉得自己被骗了。他们要求查看自己的记分卡（冲突）。如果不是出席这次品酒会的《时代周刊》的一位记者，那么这件事可能会秘而不宣，淹没在历史的长河中（曲折）。乔治·泰伯是出席这次比赛的唯一一位记者，因为“大家都知道法国葡萄酒会赢，所以还去干吗呢”？当时，一位法国评委，也是一位有名的厨师，品尝了一口干白葡萄酒说：“啊，法国的味道！”他不知道自己喝的是纳帕谷的赤霞珠。泰伯知道并意识到这件事会让整个葡萄酒界震惊。泰伯就这个令人震惊的结果写了一个简短的故事。这个被称为“巴黎评判”的事件为鹿跃酒窖、它的创始人以及纳帕谷带来了国际认可，让纳帕谷获得了世界级葡萄酒产区的地位（能够引起共鸣的角色，一个拥有开头、中间部分和快乐结局的完整故事）。

这个故事大约60秒就能讲完。讲故事的挑战之一就是吸引观众的注意力，而不是用一个冗长的故事让他们睡着。细节至关重要，但需要练习和反馈让故事引人注目、简明扼要。

鹿跃酒窖培训员工时会讲述这个故事。公司还重新设计了品酒室，作为故事在视觉上的延伸。这间品酒室有一面故事墙，上面写着关键日期，画着获奖葡萄酒的酒瓶、巴黎品酒会的记分卡，以及《时代周刊》的那篇文章，等等。当然，并非每个故事都配有展示用的房间。如果演讲时要讲某个故事，只消放上照片或视频作为补充即可。

标志性故事会帮助你、你的产品和品牌脱颖而出。这是形成差异化的一个因素，因为没有两个品牌拥有相同的故事。你的标志性故事是什么呢？

故事的情感原则

- 在没有情感诉求的情况下，也就是没有引起观众的情感共鸣的情况下，说服不可能发生。
- 故事是我们构建情感诉求的最佳语言工具，因为人类天生喜欢故事。
- 下次演讲或推销时你可以使用三种类型的故事：（1）有关个人经历的故事；（2）有关顾客或客户的真实故事；（3）有关品牌或公司历史上标志性事件的故事。

⓫

三幕式故事结构

会讲故事的人有着不公平的竞争优势。

——比尔·格利，风险投资人

布莱恩瘦了 18 斤，他每天就只吃拉面和麦片。母亲让他买些牛奶，他说他会熬过去的，因为有一天“这会成为一个更好的故事”。他说对了，如今，布莱恩·切斯基已经成为估值 300 亿美元的公寓共享公司爱彼迎的首席执行官。切斯基和爱彼迎的联合创始人开创了共享经济。切斯基也是一个会讲故事的人，他把讲故事当作自己的竞争优势。

作家布拉德·斯通称爱彼迎为“新贵”，即刚刚获得成功的人或公司，这些人或公司颠覆了既定的做事方式。斯通报道科技行业已经有 20 年的经验了。他认为，今天的新贵有一项关键技能，使其与上一代企业家区分开来，那就是他们可以讲述更好的故事。

斯通出版《新贵：优步、爱彼迎以及新硅谷的成功创业公司如何改变世界》一书时，我和他谈过。斯通认为，与今天许多成功的创业公司的创始人一样，切斯基并不像他过去几年所报道的那些“尴尬而内向”的企业家。“他们都很外向，都很会讲故事，能够在社会快速发展的背景下给公司进行精准的定位，还能够招募工程师、司机、主持人、游说者和立法者加入他们的事业。”[1]

市场正在变化，所需的技能也在变化。斯通说：“过去，科技公司在很大程度上可以忽视周围的世界，当然客户除外。多年来，他们根本用不着参与政治。”[2] 斯通提醒到，像爱彼迎和优步这样的创业公司起步时就一直存在争议，如今它们仍在与城市、监管机构和客户进行抗争。斯通说：“它们（新贵）必须很早就成为政客。”

除了挑战其所在城市的监管市场外，爱彼迎还必须克服一个主要障碍，一个仍阻碍它在某些国家扩张的障碍，那就是信任。“它们（优步、爱彼迎）让我们做的事，是我们父母告诉我们永远不要做的……坐进一个陌生人的车或留宿陌生人的家。”[3] 斯通说，“它们不得不说服人们接受他们觉得不自然的事。”

布拉德·斯通利用一个久经考验的讲故事的方法来建立信任。他遵循的结构几乎所有成功的好莱坞电影都用过，即三幕式结构。

著名编剧悉德·菲尔德在 1979 年出版的《电影剧本写作基础》一书中推广了这个结构。詹姆斯·卡梅隆、贾德·阿帕图等导演都用过这本被称作“编剧圣经”的书。《周六夜现场》的一位编剧正费力创作一个剧本，用她的话说，她都写了“100 万份草稿”了。她拿起菲尔德的书，仿佛挖到了金矿。按照书里的公式，蒂娜·菲 2004 年的喜剧《贱女孩》收获了 1.3 亿多美元。

这个结构并不是菲尔德构建的。他分析了数百部成功的电影，发现它们都遵循一种戏剧结构，这是我们的老朋友亚里士多德首先发现的。菲尔德说：“讲故事的时候，必须设置好角色，介绍戏剧性前提（故事的内容）和戏剧性情境（行动的环境），还要为角色设置需要面对和克服的障碍，然后克服这个障碍。”[4] 菲尔德说，最重要的是，讲故事是一种可以学习并应用于任何领域的技艺，包括商业在内。

技术可以提高电影的制作方式、呈现效果，以及在家里或影院的播放方式，但仅凭技术无法修复糟糕的剧本。讲故事这门艺术的地位恒久不变，工作场合的沟通也是一样。你可以使用高级的演示工具设计幻灯片，与千里之外的同事面对面交流，举办网络研讨会并邀请世界各地的人观看，或在加利福尼亚州圣何塞进行演讲，同时出现在印度的一张全息图中（我在思科见过这种情况）。不过，和好莱坞一样，单靠技术无法修复糟糕的剧本。

悉德·菲尔德说，伟大的故事都用了下面这个结构，这种模式（如表 11–1 所示）也适用于伟大的商业演讲[5]：

表 11–1　三幕式结构

	第一幕	第二幕	第三幕
	开端	冲突	解决
好莱坞剧本	开始介绍角色，让我们在冒险开始之前了解主人公的世界	主人公的世界被搅得天翻地覆，我们了解了他必须克服的障碍	问题解决了。主人公的世界发生了彻底的变化，所有人此后都过上了幸福的生活
商业演讲	开始介绍当前的情况，即公司或行业的情况	概述当前的障碍，讨论克服障碍的方法	公司的产品、服务或策略解决了这个问题，公司或行业蒸蒸日上

好莱坞的制片人很迷恋三幕式结构，他们会翻到剧本的某一页看看每一幕是如何展开的。就标准的两小时电影而言，剧本大约 110 页。前 10 页是电影的开端，第二幕从第 25 页开始，第三幕从第 85 页直到最后。这种结构不会扼杀创造力，而是给了你更多创造的自由。毕竟，我们人类从开始讲故事，开始在洞穴墙壁上画画就一直在使用这个结构。单凭这个结构，故事就能更容易被理解，更令人满意，还留有更多惊喜、高兴和启发的空间。

编剧布莱克·斯奈德将三幕式结构做了进一步延伸，他指出所有获奖电影的每一幕都是由“节拍”组成的，共计 15 个节拍。因为这 15 个节拍，故事不断向前推进，与观众产生情感共鸣。节拍就是讲故事的单位。就我们而言，没有必要剖析每一个节拍。一个伟大的商业演讲会遵循三幕式结构，并且至少含有两个关键的节拍：“催化剂”和“一切尽失”。

在斯奈德所说的节拍中，催化剂出现在第一幕的末尾，会触发主人公的冒险。正是在这一节点上，主人公觉得再也无法维持当前的生活了。例如，在《星球大战》中，卢克·天行者发现家人被杀，决定加入抵抗组织。在《律政俏佳人》中，艾丽·伍兹的男朋友在吃晚餐时和她分手。在《海洋奇缘》中，莫阿娜决定出海寻找解除岛上诅咒的方法。催化剂会带我们走入第二幕。

在第二幕，有这样一个场景：一切似乎都不复存在了。在一个好的剧本中，这个场景会出现在 75 页左右。主人公的生活毫无希望，似乎不会有令人满意的结果。在《星球大战》中，这个场景就是墙壁向卢克·天行者和其他人逼近，垃圾捣碎机即将结束他们生命的那一刻。幸亏机器人 R2–D2 关闭了压缩机，卢克、莱娅公主、汉·索洛和楚巴卡才可以再战一天。

大多数浪漫喜剧都严格遵循这个结构：男孩遇见女孩，男孩失去女孩，男孩和女孩在疯狂的追逐后重聚，过上幸福的生活。《诺丁山》的编剧理查德·柯蒂斯还给我们带来了《四个婚礼和一个葬礼》《BJ 单身日记》《真爱至上》，这并非巧合。他和大多数成功的编剧一样掌握了三幕式结构。

德里克·汤普森在《引爆流行：注意力分散时代的流行科学》一书中写道，约瑟夫·坎贝尔 1949 年出版的《千面英雄》“可能是任何理论家都能总结出通用公式的一本书”。[6] 汤普森指出：“坎贝尔追溯了数千年的历史，说明在人类会写字之前，我们就在一遍又一遍地讲述同一个英雄故事。”

坎贝尔认为，每一个史诗般的英雄故事几乎都是相同的：一位英雄踏上旅程，通过了重要的试炼，最后得到提升——英雄被改造了。“哈利·波特、卢克·天行者、摩西、穆罕默德、《黑客帝国》中的尼奥、《指环王》中的佛罗多都是如此。”汤普森写道。最终，英雄的旅程会激励我们，因为我们在英雄的缺点、勇气和转变中看到了自己。英雄的挫折和成功为电影提供了悬念，让观众的心悬着。如果英雄可以与我们产生共鸣，那他们的旅程就会成为我们的旅程，我们就会因他们的胜利而受到鼓舞。

让我们回到商业沟通的艺术上来。根据定义，一位“鼓舞人心”的领导者应该能够讲述英雄和史诗级的冒险故事。布莱恩·切斯基就是一个这样的人，他一直使用三幕式结构讲述爱彼迎的故事。

爱彼迎的三幕式结构故事

第一幕：开端

布莱恩和乔是好朋友，他们在旧金山合租了一间公寓，按时付租金对他们来说不是件容易的事。于是，他们在地板上放了三个床垫，每个租金 80 美元。这两位创业者决定把这项业务做大。他们聘请一位叫内森的前室友设计了一个简单的网站：airbedandbreakfast.com。这三个人在颇受欢迎的西南偏南大会上成立了一家创业公司。不过，他们只收到了两份订单，与成功相去甚远。

催化剂：民主党全国代表大会要在他们那里召开，由此他们想到了一个好主意。公司几位创始人对麦片进行重新包装，并设计了两种新颖的包装盒，一个上面画着奥巴马，一个画着麦凯恩。每盒麦片售价 40 美元，他们共赚了 3 万美元，足够让公司继续运转下去。

第二幕：冲突

公司急需现金，一切似乎都不可能了。当切斯基在公开演讲中说到这个地方时，他会提升紧张的氛围。“每天早晨醒来时我都很恐慌。每个人都觉得我们的想法很疯狂。没有人支持我们，我们也没有钱。这是有史以来最好的减肥计划了，我一共瘦了 18 斤，我没钱买吃的。早上醒来时我的心脏还在跳。白天的时候，我会说服自己一切都会好起来的。晚上睡觉时我真的很自信，就像有个重置按钮一样，早上我又会猛然惊醒。”[7]

切斯基告诉听众，许多人在公司创立时对他们的这项服务都持怀疑态度，他们现在肯定后悔了。切斯基说：“我把爱彼迎介绍给了 20 位投资者，任何一位都可以投资 10 万美元获得公司 20% 的股份。其中 15 个人甚至没有回复我的电子邮件。我在一家咖啡馆见了一位投资者。他奶昔刚喝了一半就起身离开了，我再也没有见过他。”

第三幕：解决

就在所有希望似乎都要落空的时候，爱彼迎开始寻求 Y Combinator 的入场券。作为硅谷通过率很低的孵化器，Y Combinator 为创业公司提供种子基金和指导。这是切斯基的最后一根稻草了，但这时又上演了一幕“一切尽失”的场景，切斯基错过了申请的最后期限。张力进一步升级。爱彼迎的联合创始人乔·杰比亚在演讲中说：“如果我们没有申请成功，今天就不会有爱彼迎了。”在最后一刻，他们的延迟申请通过了，他们受邀参加面试。紧张局势再次升级。Y Combinator 创始人保罗·格雷厄姆最初持怀疑态度。他问爱彼迎的创始人："人们会这样做吗？我都不愿意坐在别人家的沙发上。"当格雷厄姆决定投资时，紧张气氛消失了。他认为，任何能说服人们花 40 美元购买一盒价值 2 美元的麦片的人，都值得一试。

由于 Y Combinator 的 2 万美元投资及其给予的指导，爱彼迎的预订量开始稳步增长，每月飙升 40% 至 50%。安德森·霍罗威茨、红杉资本和明星阿什顿·库彻等投资者都找上门来。到 2014 年，爱彼迎的市值达到了 100 亿美元。6 年的时间，凭借出租地板上的床垫，布莱恩、乔和内森的身家各达 15 亿美元。如今，爱彼迎的市值已达 300 亿美元，超过了全球任何一家连锁酒店。经历了开端、冲突、解决，300 亿美元足够以后的幸福生活了。

爱彼迎并没有创造共享经济，但是通过在房主和房客间建立信任，它为市场提供了增长的动力。布拉德·斯通告诉我："优步和爱彼迎都必须在人们表示怀疑的领域建立信任。"[8] 斯通认为，没有信任，像爱彼迎和优步这样的公司根本不会存在。大多数人在陌生人的床上睡觉时都会觉得不舒服，许多人现在也这样认为。爱彼迎还在继续与限制性的分区法律、根深蒂固的企业和工会做斗争。建立一个值得信赖的品牌是切斯基的秘密武器，而讲故事可以制造这件武器。

"我在科技领域做报道已经有 20 年了。我在马克·扎克伯格和谷歌创始人早期创业时采访过他们。他们用不着讲故事，因为他们的业务自动就会传播开来，他们的产品就是他们的代表。"斯通告诉我，"优步和爱彼迎则不同。这些公司需要一位截然不同的首席执行官，一位非常会讲故事的人，他能够利用魅力将客户聚拢在自己的周围。"

每次产品发布和公开演示，切斯基都会上演一堂讲故事的大师课。

2017 年 3 月，爱彼迎推出了旅行平台 Trips，用户可以在上面预订旅行和体验产品，比如意大利托斯卡纳的松露狩猎、南加州最好的冲浪点，或者与屡获殊荣的歌手一起逛逛哈瓦那的音乐圈子。

爱彼迎效仿好莱坞的做法，这项新服务的广告像电影海报一样。“美妙的旅行就像精彩电影中人物的体验一样。”切斯基在洛杉矶历史悠久的奥菲姆剧院对观众说。[9] 他解释说，这项新服务的灵感来自神话学家约瑟夫·坎贝尔的《英雄之旅》。切斯基指出：“一个角色从平凡世界出发，越过了门槛——想想《绿野仙踪》，来到了一个新的神奇世界，在那里，他会与人邂逅……他会遇到转型的时刻，之后又回到平凡的世界。”当爱彼迎的团队研究《英雄之旅》时，突然灵光乍现。“共享房屋或房间只是伟大旅程的一小部分，人们会记住体验的魔力。”

在这次主题演讲中，切斯基带领观众踏上了他的旅程。在解释这项服务的运作方式之前，他先讲了自己的故事，用以解释为什么推出这款产品。布莱恩·切斯基开始说道：“我想让大家回忆一下小时候，想想自己第一次较远的旅行。”[10]“我还记得我的第一次旅行。我在纽约的尼什卡纳长大，那是奥尔巴尼郊外的一个小镇。我的第一次旅行是去圣路易斯。去圣路易斯，必须坐飞机。这是我第一次坐飞机，简直太神奇了。”

OpenTable 的前首席执行官、风投公司安德森·霍罗威茨的合伙人杰夫·乔丹是爱彼迎的董事。在接受商业内幕网站采访时，乔丹表示，与爱彼迎创始人的接触让他确信每位创业者都需要一项技能。“每位伟大的创始人都能讲一个伟大的故事。”[11] 他说，“如果创始人没有这项技能，要想获得资金、吸引员工或获得关注会很难。”

切斯基正是这个时代所需要的首席执行官，时代会垂青擅长讲故事的人。

为什么三幕式结构这么管用呢？为什么它有助于建立信任，加深人与人之间的关系？神经科学家已经找到了可能的答案，这一切都始于“爱的分子”。

好故事要触发情感

2009年，145名大学生走进实验室观看了一段短片。“本要死了。”一位父亲对着镜头说道。本是他两岁的儿子，短片中的他正在玩耍。本患有脑瘤，他不知道这会夺走他的生命。这个故事很悲伤，但是真实的。研究中一半的受试者看了这段2分钟的视频，另一半观看了另外一段视频。本的父亲也讲了这个故事，但没有提到男孩的病。视频里没有播放孩子在医院的情形，而是用了父子在动物园的场景。

研究人员问了受试者一系列问题，以评估他们对刚看完那段视频的情绪反应。在他们离开实验室之前，研究人员会问他们是否愿意给某家儿童癌症慈善机构捐点儿款。他们不是必须给，但如果愿意，可以从他们参加实验所得的费用中扣除。这项研究还有一个细节。在看视频之前和之后，每位受试者都抽了血。第一次是为了测试催产素的基准线，第二次是为了检验看完两段不同的视频催产素是否会升高。催产素是增强社交关系并建立信任的神经调节剂。

保罗·扎克和豪尔赫·巴拉萨是在莱尔蒙特研究生大学做的这项研究的。研究共得出三个重要结论，这些结论提高了我们对说服的理解。[12]第一，与父子在动物园那段“没有感情色彩”的视频相比，关于绝症男孩的那段感人视频使受试者血液中的催产素升高了47%。第二，受试者给出的同情程度与血液中催产素的变化存在很强的相关性。第三，那些感受更深的人向慈善机构捐了更多的钱，不只是多一点。扎克和巴拉萨的实验是第一个直接证明感人的视频和故事会释放催产素的实验。扎克将催产素称为“爱的分子”，因为它具有社会关系的特性。他的研究揭示了这种关系何以变得十分强大，以及触发它的确切因素是什么。

随后，扎克又针对催产素和慷慨程度做了几项重要的研究，他已经推断出什么样的故事可能会产生这种影响。他解释说，父子在动物园里的那个故事结构扁平，没有什么叙事张力。受试者不确定他们应该从中获取些什么，如果确实有值得获取的东西的话。大多数人在 1 分钟之内就失去了兴趣。关于本生病的那个故事有一个戏剧弧线，它具有戏剧张力、冲突，还有父亲的决心，他选择在儿子面前保持快乐和积极。扎克说，情感故事更能够“获得持续的关注，让人感同身受”。在后续实验中，扎克经鼻子给予受试者合成催产素（经过鼻子，催产素可以更快地到达大脑）。这些研究的受试者向慈善机构捐赠的金额比对照组多了 56%。

扎克的结论是，有些故事确实比其他故事更好。能够触发情感的故事会改变我们大脑的化学反应，让我们更信任讲故事的人，并对新想法持开放态度。

麦肯锡的三幕式演讲结构

我们在第 7 章讲到，麦肯锡是全球录用率最低的咨询公司。这里被誉为志向远大的领导者的发射台。一项调查发现，过去和现在的《财富》500 强中有 70 多位首席执行官都来自麦肯锡。麦肯锡被称为“首席执行官工厂”绝对名副其实。有一次我参加麦肯锡的一次海外会议，区域主管告诉我会议室聚集了 700 人，他们中间将有 50 人会成为首席执行官。

这家令人垂涎的咨询公司每年会收到 20 多万份申请，但只有 1% 的人会被录用。因此，麦肯锡比哈佛商学院或斯坦福商学院的录取率还低。那些被录取的人通常拥有顶尖大学的工商管理硕士学位或高学历，但这只是最基本的资格要求。他们还必须表现出同理心和强大的人际交往能力。客户肯支付麦肯锡数百万美元的费用，希望的就是麦肯锡为其找出问题，分析问题，并给出易于理解和采取行动的解决方案。麦肯锡的主要资产就是客户的信任。如果失去了客户的信任，就失去了业务。伟大的讲故事的人能够建立信任。

麦肯锡的领导者知道讲故事在争取新业务和与现有客户加深关系方面的力量。他们会教新手顾问一种讲故事的方法，几乎与好莱坞编剧所遵循的三幕式结构完全一样。麦肯锡采用的故事结构为SCR，这个缩略词代表的是情境（situation）、困难（complication）和解决方案（resolution）。[13]

在麦肯锡所做的演示中，情境基本上就是“开端”。它描述了客户业务的当前状态，困难是客户现在或将来面临的挑战，解决方案是麦肯锡提供的答案和圆满的结局。

虽然麦肯锡的顾问使用幻灯片展示自己的建议，但他们接受的培训是先用三幕式结构提炼思路，带领客户跟上自己的演示。幻灯片只是传播信息的方法，但故事总会打头阵。吸引人的戏剧、精彩的电影或交易总是从故事开始的。

好故事要有记忆点

一个伟大的故事会吸引观众，这与一首超棒的流行歌曲会吸引听众一样。在流行音乐圈里，让一首歌走红的极点、歌词和节拍被称为“hook”，也就是歌曲最精彩的部分，可称其为“记忆点”。少数的词曲作家兼制作人已经掌握了制胜之道，萦绕在我们脑海中的大多数悦耳歌曲都出自他们之手。

如果你哼过后街男孩的《我想要那样》、布兰妮·斯皮尔斯的《爱的初告白》或是泰勒·斯威夫特的《通通甩掉》，那么你就要感谢（或是责怪）瑞典制片人马克斯·马丁了。马丁制作的十大单曲超过了麦当娜、猫王或甲壳虫乐队。约翰·西布鲁克在《歌曲机器》中写道："唱片业收入的 90% 来自 10% 的歌曲。"这 10% 的歌曲大多是由马丁和少数其他人写的。[14]

马丁写的歌让人无法抗拒，因为它们都遵循西布鲁克所说的"录制歌曲 + 添加记忆点"的方法。制作人先录制一些曲目，包括和弦、节拍、乐器奏出的音乐，然后将曲目发送给"创作记忆点的人"，他们会添加你脑海挥之不去的小段旋律。

记忆点都有一种结构，西布鲁克称其为"旋律数学"。马克斯·马丁与凯蒂·佩里的合作就是利用这一公式打造热门歌曲的一个很好的例子。例如，佩里的热门专辑中有许多歌词都是由两部分组成的，每一部分都有相同数量的音节。在《锁住节奏》中，佩里唱道："加大音量，这是你最喜爱的歌 / 舞力全开，直到身体变得麻木。"① 佩里唱这句的时候，每一部分 8 个音节。

有些读者可能会觉得这过于公式化了。其实，遵循公式是因为它们能起作用。人们喜欢听到和之前听过的很像的东西，包括音乐和交谈。记者德里克·汤普森在《引爆流行：注意力分散时代的流行科学》一书中解释了为什么有些艺术品、音乐或设计会流行起来。他认为，爆品制造者将新旧结合起来。在美学心理学中，有一个专门的名词来形容从面对新事物的焦虑到理解时那令人满意的一刻，这个词就是"美学顿悟"。流行音乐和伟大的演讲都通过节奏和重复来利用这一时刻。

例如，如果我让你背诵约翰·F. 肯尼迪就职演说中的一句话，你会想起哪一句？这次演说被称为 20 世纪最好的演讲之一。我敢打赌你的回答是："不要问国家能为你做些什么，而要问你能为国家做些什么。"

---

① 歌词原文为"Turn it up, it's your fav–rite song / Dance, dance, dance to the dis–tor–tion"，各 8 个音节。——译者注

这句话与听众产生了共鸣，因为它就是演讲中的一个记忆点，这句话会抓住人的耳朵。句子的一半相当于另一半的镜像。肯尼迪用了对仗这种流行的修辞方法，即在一个句子中并置两个相反的观点，同时保持音节的数量大致平衡。他还采用了另一种诗歌常用的修辞方法“头韵”，例如“不管它盼我们好或盼我们坏”①。肯尼迪在就职演说中使用了21次头韵。

马丁·路德·金在林肯纪念堂台阶上的著名演讲，你记得哪一句？你可能会回答说：“我有一个梦想……”这个以“我有一个梦想”开头的一系列句子属于首语重复，也是一个惯用的修辞手法。首语重复是指连续的句子都以相同的词语或短语开头。这些结构让演讲有了韵律。

作家和演讲者往往会因为效果显著而坚持某个结构。汤普森写道：“人类的大脑结构由来已久，人类最基本的需要始终如此，包括归属感、逃避、渴望、理解以及被理解。”[15] 因为大脑天生就喜欢听故事，所以故事对人类来说是不可抗拒的。如果观众注定喜欢三幕式的故事，那就讲给他们听。如果你希望别人关注你，就把你的想法编织在故事中。这个故事提供了满足点，即观众坠入你的故事的那一刻。即使是久经沙场的投资者也喜欢故事。

创业大赛在世界各地越来越受欢迎，不过最著名的当属美国广播公司每周播出一次的《鲨鱼坦克》。在这个真人秀节目上，五位投资者会看创业者推销他们的产品或想法，然后这些大亨决定投资与否。投资者出的钱来自他们自己的腰包。2016 年，有位人类行为专家针对节目前七季中的 495 场演示做了一个大型实验。结果几乎平分秋色：253 名创业家赢得了资金，242 名没有。凡妮莎·范爱德华兹指出，两者之间的区别在于，有魅力的创业者的演示含有“引爆交谈的火花”。火花往往

---

① 原文为“Whether it wishes us well or ill”，押头韵“w”。——译者注

是指一个故事。58% 的成功演示中都有一个故事，大约 30% 的成功演示遵循了英雄之旅的三幕式结构。

“每个人都喜欢好听的故事。”[16] 范爱德华兹说道，“创业者讲的某种引人入胜的故事，比如某次经历或个人轶事，会提供背景，引起人们的兴趣。如果讲得好，就可以打动别人。试着按照英雄之旅搭建你的个人故事，这是一个经过时间考验的公式。在这个公式中，你会受到启发，接受考验，挣扎一段时间，最终获得成功。”

亿万富翁投资者维诺德·科斯拉曾对我说：“光讲事实还不够，你还得讲故事。”故事有教育、娱乐、激励和建立信任的功能，最终还能激发我们所有人的想象力。让我们讲述伟大的故事，并把它们组织好。

故事的三幕式结构

• 下次演讲或展示的时候，遵循经典的三幕式故事结构：开端、冲突和解决。这个结构和讲故事一样古老，并且效果非凡。

• 设置英雄在成功完成任务之前所必须克服的障碍，让观众处于悬念之中（绷紧一根弦）。

• 讲故事时要有戏剧弧线，即张力、冲突和快乐的结局，以此触发观众的大脑释放催产素。

⓬

一语中的

你有 5 秒的时间吸引我的注意。

——杰夫 · 罗尔斯顿，Y Combinator 投资人

热门电影或电视剧开始时总有一行吸引人的“一句话梗概”。没有一句话梗概，一切都白谈。一句话梗概用来说服别人接受某个想法。在好莱坞的选题会上，每个人都等着听这句话，每个人参会时都准备好了这句话。一句话梗概就是记忆点。如果这句话写得好，就会吸引大家的注意力，大家就会想看剧本的其他部分。下面这些“一句话梗概”都很有名，它们帮助影片从一个选题成功变身为票房大片：

- 年迈的黑手党首领把他秘密帝国的权力传给并不情愿接手的儿子。——《教父》
- 一位男护士在求婚前拜见未来的岳父岳母，但女友疑心很重的父亲却成了他们每次约会的最大梦魇。——《拜见岳父大人》
- 一名卧底警察要追查并逮捕从半卡车上偷取电子设备的逃犯，但他因为爱上了其中一人而陷入两难的境地。——《速度与激情》

有吸引力的一句话梗概会用尽可能少的词说明主角、角色的目标以及冲突。从下面这句有史以来最伟大的一句话梗概，你一定能猜出它是哪部影片：

- 有一只巨鲨想要吞吃游泳的人和船长，尽管贪婪的镇议会要求继续开放海滩，但患有惧溺症的警察局长还是选择与巨鲨进行搏斗。——《大白鲨》

好莱坞有个众所周知的事实，大多数剧本（95%）都很糟糕，或者顶多算是过得去。大约 4% 的剧本还不错，而只有 1% 或更少的才是真正伟大的剧本。一句吸引眼球的梗概往往表明它是个伟大的剧本。

一句话梗概很有效，因为它说的就是重点，正是大脑所渴望的东西。华盛顿大学生物学家约翰·梅迪纳表示，人类的大脑不会记录一件事的每个细节。大脑更擅长观察模式，总结一次经历的大意，也就是要点。梅迪纳喜欢使用我们祖先遇到老虎这个情景做比喻。在这种情况下，我们的祖先不会问“老虎长了多少颗牙齿”，而是会问“它会吃掉我吗？我应该跑吗？”他们必须瞬间做出决定。我们记住的是一次经历的情感因素和要点。伟大的说服者会利用我们在进化过程中留下的这些特点，创造吸引我们注意力的信息。

论点过多只会削弱故事的力量

2017 年 TED 年会那一周，我恰好有机会与当年最杰出的演讲者面对面交流。其中一位是亚当·奥尔特教授，《纽约时报》畅销书《欲罢不能》的作者。这本书追踪了上瘾技术的兴起，包括智能手机、视频游戏和应用程序。奥尔特是纽约大学斯特恩商学院的社会心理学家和市场营销学副教授。尽管奥尔特的那本书洋洋洒洒 8 万字，但他的 TED 演讲不能超过 9 分钟。更困难的是，这本书充满了引人入胜的故事以及对行为成瘾详细的神经学解释。

奥尔特告诉我，如果他真想把书中的主要观点讲得面面俱到，他的演讲得用 90 分钟。显然，对 TED 演讲而言这是无法接受的。幸运的是，作为老师和心理学家，奥尔特知道如何应对。"你要做的就是不要把你知道的所有东西都放到演讲中。"[1] 他告诉我，"你不可能不断浓缩想法，将其塞进 9 分钟的演讲中。"

奥尔特的策略是集中在一点上，只讲一点，演讲的其他部分用故事、示例和数据来支持这一点。这种方法听起来很容易，但应用起来很难。奥尔特说："每一点就像一个孩子。你想让所有孩子都参加进来，但最终你必须选自己最喜欢的。你的直觉是要抓住尽可能多的点，但这是错的。"

奥尔特确定了一条关键信息"停止提示"，实际上这是他那本书中的一小部分内容。奥尔特指出："我们如今之所以无法停止使用技术，一个主要原因是科技公司已经抹去了我们的停止提示，即应该转向新事物的信号。"

TED 大会的组织者给所有演讲嘉宾的指示都是类似的：选一点讲，尽可能做到清晰、具体、生动。TED 策划人克里斯·安德森表示，很多演讲都拐来拐去，没有明确的方向。安德森建议演讲者应该花时间设定一个主题，即叙事弧线。安德森没有用"一句话梗概"这个词，而是称其为"直通线"。安德森写道："我们可以把直通线想象成一条粗壮的绳子，你可以把要讲的那一点的所有元素都添加到这条绳子上。"[2]

奥尔特对此并不陌生。他最初意识到只讲一点的重要性，还是在律师事务所工作的时候，当时的他还没有做大学教授。那个时候，律师的普遍做法是用各种论点轰炸法官。如果一位律师有 12 种方法来证明某个论点，那么他就会一个一个地向法官陈述，希望有一种能被接受。法律领域研究说服学的人发现，提出太多的论点并给每个论点同等的权重，会削弱它们的力量，让每个论点听起来都不那么令人信服。

成功的辩护律师会集中火力。他们会用明确而简洁的语言向法官提出一个最强有力的论点，随后列举支持这一点的证据。“律师在提供案情摘要或进行口头辩论时可能犯的最大错误就是，讨论了很长时间之后，法庭还不知道究竟是什么案情。”[3] 法官卢克·M. 麦卡米斯说，“在充分陈述事实之前一定要点明主要问题。”

风投公司的 5 秒钟原则

不管你是向好莱坞制片人兜售想法，还是向法官陈述论据，抑或在投资者面前争取投资，一句话梗概都很重要。著名投资公司 Y Combinator 的合伙人杰夫·罗尔斯顿一语中的：“如果故事太复杂，没人能听得进去。故事越简单，我们就越容易被带入。”[4]

罗尔斯顿说，你有 5 秒钟的时间来引起别人的注意。在创业项目推介会上，每位投资者都拿着自己的智能手机，一旦不想听你的演示，他们就会查看电子邮件。罗尔斯顿说：“你会很快失去他们的关注。你需要一个记忆点。创业公司最好的记忆点，就是快速说清楚你做的事为什么重要。这就是我们大脑的工作方式。概念越简单，我们就越容易进入你的世界。”

杰夫·罗尔斯顿会给你 5 秒钟吸引他的注意，像他这样的人很多。研究第一印象的神经科学家表示，我们确实很快就会对演讲者形成一个印象，只需 5 到 15 秒。

研究人员一般都用“瞬间判断”一词来描述这种现象，这是很有道理的。有些研究发现，学生会在 2 秒内对初次见面的老师形成一个印象，而这个瞬间判断会持续整个学期。针对商业演示的研究发现，观众给演讲者的时间通常会多一点，但不会多很多。几项综合研究表明，人们参加推介会或看演示的时候，会在 7 到 15 秒对演讲者的信息做出判断。

瞬间判断是大脑评估一个人是敌是友的方式。无论喜欢与否，我们都摆脱不了这种快速评估的方式。在商界，见面的最初几秒可能不会激活我们的战斗或逃跑反应机制，但我们会快速决定是否要继续听下去。不要给你的观众走神的机会，想出一个不可抗拒的一句话梗概，吸引住他们。

少即是多的原则

伟大的演讲都有一个主题，所有其他内容都是用来支撑这一重要信息的。

下次演讲的时候，你可以想象是在给好莱坞电影设计一句话梗概。如果你要用一句话说服别人支持你的观点，只能用一句话，你会说什么？

在演讲的前 15 秒钟就要介绍你的创意。

⓭

语言——越简单越有效

他从来不用读者可能需要查字典的词。

——诺贝尔奖得主威廉·福克纳对欧内斯特·海明威的评价

全美航空公司的1549航班从纽约拉瓜迪亚机场起飞3分钟后，撞上了一群大雁。乘客听到了砰的一声，看到发动机起火了，飞机失去了所有的发动机动力。机长“萨利”萨伦伯格权衡利弊后，决定无动力水上迫降。萨利机长通过机舱的公共广播系统下达了以下内容，乘客听到的唯一指示是：“我是机长，请做好防撞姿势。”

“请做好防撞姿势”这几个字让乘务员行动起来。他们指导乘客如何为突然降落做好准备。机上所有155人在哈得孙河奇迹生还。

“请做好防撞姿势”是个完美的句子，英文只用了3个单词（brace for impact）。它需要数百个小时如何挽救生命的训练。英文的这个句子中没有副词，不含被动语态，没有比这更易懂的句子了。事实上，普通的二年级的学生都能理解这句话。

在对乘客说话前大约60秒，萨利机长告诉控制塔发生了紧急情况。“Mayday，Mayday，Mayday.”Mayday是国际通用的飞机船舶求救信号。飞行员训练时会知道，重复三次简短的单词不容易发生错误传达的情况。当地面操作人员建议萨利返回拉瓜迪亚机场或附近的机场时，他回答说："不能，我们将迫降哈得孙河。"很简单，很直接，没给误会留任何余地。

肯·西格尔领导过苹果公司的一些标志性营销活动，iMac 中的小写"i"就是他想出来的。西格尔说："简单是世界上最具欺骗性的概念之一。"[1] 他说，简单的词语是"做生意最有效的武器，包括吸引客户、激励员工、超越竞争对手、创造新的效率。然而，做起来很少像看起来那么简单。要想做到简单，是需要付出努力的"。

西格尔曾经的上司史蒂夫·乔布斯和他的观点一样。乔布斯说过："简单比复杂更难，但最终是值得的，因为一旦你做到这一点，就没有什么能难住你了。"

斯坦福大学生物学教授罗伯特·萨波尔斯基是世界神经科学领域的领军人物。他研究的是人类处于最佳状态和最差状态时的生理情况。著名神经科学家奥利弗·萨克斯称萨波尔斯基为"我们这个时代最好的科学家兼作家"。演员罗宾·威廉姆斯曾在电影《无语问苍天》中饰演奥利弗·萨克斯。

在 2017 年的 TED 大会上，萨波尔斯基要从他的新书《行为》中选出重要的一点来讲。在这本书中，萨波尔斯基从神经科学、人类学、心理学、遗传学、进化生物学、政治学和传播理论等学科角度探索了暴力和侵犯生物学。这本书很厚，总共 800 页。

当萨波尔斯基走出 TED 讲台那标志性的红色圆形地毯，离开舞台几分钟后，他向我讲述了他是如何简化复杂信息的。正如我们前一章说的，确定一个主题是打造引人入胜、简明扼要的演讲的第一步。要把 800 页的内容压缩成 14 分钟的演讲，萨波尔斯基采用的方法就是他给研究生提出的建议。萨波尔斯基要求他的学生在介绍自己的研究之前，先写一段话描述关键的发现。然后，他要求他们将其提炼成一句话。一句简短的话就可以说清楚，简单的词也一样可以。

用小学生的理解力检验你的故事

你可能还记得第 6 章我们提到的那家健康保险公司，它的材料小学三年级的学生都可以看懂。这一点值得在这里扩展一下，因为很少有公司、教师、领导和创业者会关注他们所使用的词语的等级。复杂的词不一定更好，有时还会令人困惑。

如果你想让你的想法引起别人的注意，"可读性指数"是个必备工具。它是一种可靠的算法，美国教科书出版商会用它来评估科学内容的等级。一本用十二级语言写的书可能适合高三的学生，但低年级的学生就读不太懂了。研究表明，十级或略低级别的语言平均来说最适合美国人阅读和理解。

在你举手表示反对之前，要记住随着阅读等级的提高，清晰度会受到影响。例如，初二的学生一般都能读懂本章的内容。八级的可读性已经不错了，级数越高并不一定说明写得越好。如果本章我都用长而复杂的句子，每段再添加一些科学术语，那么这一章会因词汇密度而达到很高的等级。这可能会让我觉得自己很聪明，但对普通读者没有任何帮助。事实证明，当著名神经生物学家罗伯特·萨波尔斯基面对普通观众讲话时，他会使用七级词汇。

我把萨波尔斯基的学术论文插入一个用于衡量文本可读性的常用工具中，这个应用程序是以作家"海明威"的名字命名的。虽然海明威作品的读者都是成年人，但他的文章可读性往往只有五级水平。萨波尔斯基的论文可读性平均为十六级，属于研究生能看懂的水平。那么他的

TED 演讲呢？可读性为七级。他的 TED 演讲由 2 400 个词语组成，经分析发现，18% 的句子“很难懂”，而萨波尔斯基的学术论文则有 83% 很难懂。

萨波尔斯基是当今地球上最聪明的神经生物学家之一，但是当他想让更多的人熟悉他时，他会用拼写简短的词，以便更多的人能够理解他的话。

20 世纪的一次著名演讲比 TED 演讲还短 4 分钟

在第 1 章，我们谈到了约翰 · F. 肯尼迪以及他如何用语言激励了一代人的登月梦想。肯尼迪的讲话今天还能引起共鸣，其中一个原因就是他是位优秀的编辑。

有一次我去波士顿的约翰 · 肯尼迪图书馆，我被陈列在博物馆里的肯尼迪就职演说上面的大量修改震惊了。肯尼迪的那次演讲发表于 1961 年 1 月 20 日，是美国总统历史上第四短的就职演说。这也是肯尼迪想要达到的效果。“我不想让人们以为我是个话篓子，把它写短点儿。”肯尼迪告诉他的演讲撰稿人特德 · 索伦森。让我们想一想，肯尼迪的演讲时长 13 分 42 秒。美国历史上最伟大的一次演讲比 TED 演讲还短 4 分钟。

多年来，索伦森一直在肯尼迪身边工作，他知道如何更好地表达肯尼迪的想法。不过，尽管索伦森的文采很好，肯尼迪在演讲前的几个小时还是对演讲稿做了 31 处改动，其中大多数改动是在简化语言。你可以看到肯尼迪用红笔做的修改。直到最后一刻，肯尼迪还在删除短语、句子，用简单的词替换较难的词。例如，肯尼迪划掉了下面的一句话：“现在，世界已经大不相同了，因为人类被赋予了驱逐人间各种贫困、毁灭人间各种生活的力量。”他删除了“赋予”和“驱逐”这样的字眼，重新写了一个更简单、更有力、听起来更顺耳的句子：“现在，世界已经大不相同了，因为人类之手掌握着既能消灭人间各种贫困又能毁灭人间各种生活的力量。”

其中最著名的那句话甚至也经过了编辑。肯尼迪划掉了“会”，用“能”取而代之。此外，他还删掉了 3 个词。这句话最后变为：“不要问国家能为你做些什么，而要问你能为国家做些什么。”正如前文所述，虽然意义深远，但这个句子都是由简单的词组成的，四年级的学生都可以听懂。

还有一个经典的句子可读性为三级，因为它基本上由一个音节的词语组成。“我们将付出任何代价，承受任何负担，面对任何困难，支持任何朋友，反抗任何敌人……”

想象一下，如果肯尼迪采用当代的政治语言，他可能会说：“我们应该考虑值得付出任何代价的努力或是与这项计划有关的障碍……”如果他这么说，我们就不会记得他的那次演讲。用更少、更简单的词语，会令人更难忘。

肯尼迪通过研究两位演讲者来提高他的写作技巧，他们是亚伯拉罕·林肯和温斯顿·丘吉尔。正如我们之前提到的，林肯是一位特别会讲故事的人。据说他竞选总统时，各地的村民纷纷参加他的竞选活动。伟大的演说家总能震撼人心，而林肯就是最好的演说家之一。

当然，林肯同样因为写下了葛底斯堡演说而闻名，这是历史上最著名的简短演讲之一。肯尼迪和索伦森分析了这篇演讲，得出的结论是：林肯用尽可能少的词表明自己的想法。有单音节词、双音节词和三音节词可选时，他会用单音节词。换句话说，林肯会让演讲更容易讲，更容易听，更容易理解。而且，他会把演讲时间控制得很短。在林肯登台为宾夕法尼亚州葛底斯堡国家公墓揭幕发表演讲之前，演说家爱德华·埃弗里特发表了 2 个小时的演讲。林肯仅用了 2 分钟就完成了 272 个词语的演讲。当林肯演讲结束把讲稿放进口袋时，听众鸦雀无声。他们仿佛被钉在那里，他们惊讶于演讲者怎么能用这么短的时间把美国的价值观说得这么清楚。最初林肯以为观众不喜欢他的演说，几秒钟后人群爆发出热烈的掌声。你可以在 YouTube 上找到成千上万的视频，都是美国和世界各地的学生在朗诵林肯的这段演讲。林肯不可能预见流媒体视频的问世，但他确实意识到了这件事的重要性。当想要确保自己的想法被子孙后代记住时，他让自己的措辞简短而精练。

丘吉尔也喜欢用简单的词替换复杂的词，这一点大家都知道。他曾说过："简短的词语最好。语言中最简单的词往往也是最古老的。"

英国皇家空军在不列颠之战中取得了巨大胜利之后，丘吉尔在谈到英国飞行员的行动时说："在人类战争历史上，从来没有这么少的人为这么多的人做出过这么大的牺牲。"这么少，这么多，这么大，丘吉尔仅仅用这几个字就把英雄主义和牺牲说明白了。

诺贝尔奖获得者、心理学家丹尼尔 · 卡尼曼写了一本极具开创性的书——《思考，快与慢》。他在书中写道："如果你想让别人觉得你很可信、很聪明，那么能用简单的语言搞定的事就不要用复杂的语言。"[2] 真正的领导者都使用简单的语言。

我们应该颂扬鼓舞人心的领导者，他们的故事能激励我们展现最好的一面。约翰 · F. 肯尼迪曾经说过："人可能会死，国家可能会起起落落，但思想永存。"的确如此，但复杂的想法不会永存，因为它们不会流行起来。伟大的沟通大师都是伟大的编辑，肯尼迪、丘吉尔和林肯是其中的佼佼者。

如果你不会压缩语言，可以试试科学家尼尔 · 德格拉斯 · 泰森的方法。这位天体物理学家为普通观众写东西时会用一种老式的方式：羽毛笔和墨水。泰森说，他喜欢借着烛光用羽毛笔蘸着墨水写作。他仿佛在扮演以前的杰出思想家，那些用当时的羽毛笔写作的思想家。不过，除了形式之外，泰森的这种方法还有一个实用的地方。“你去看看过去那些令人难忘的演讲，它们有一种节奏，恰好是 5 到 7 个词语一拍。然后你会发现，羽毛笔蘸一次墨水就能写 5 到 7 个词语。这样的一种节奏可能是由蘸一次会有多少墨水留在羽毛笔上形成的。我写作的时候，意识到了这一点。当我发表演讲时，不想让句子太长。”[3]

10 分钟说服别人接受你的想法

10 分钟说服别人接受你的想法是一项宝贵的职业技能。我在写这本书的时候，拜访过一个针对军官的精英特训班，这些军官要接受 13 个月的培训，内容都是我们这个时代最敏感的国家安全问题。拙著《像 TED 一样演讲：打造世界顶级演讲的 9 个秘诀》和《会讲故事才是好演讲》都是这个特训班的必读材料，因为准备引人入胜的演示并进行汇报是他们必学的关键技能。为了达到效果，他们必须学会在很短的时间内声情并茂地说服别人接受他们的想法，时间为 10 分钟或更短。

“为什么是 10 分钟呢？”我问其中的一位教官。

“这些军官将要面对的将军、领导人和立法者总会从四面八方收到众多的信息。他们需要很快掌握信息，他们没有时间浏览数百页的文档或无穷无尽的幻灯片。我们的军官需要分析潜在的威胁，制作简短的演示文稿，提出三个可行的行动计划，并对他们认为最好的计划加以证明。将时间压缩到 10 分钟，论证能变得严密有力，听众更容易理解。”

一般来说，人们似乎比较喜欢 10 分钟的演示。我碰到过英特尔的一位高管，他给我讲了他与传奇首席执行官安迪·格罗夫第一次见面时的情形。

“这次汇报要多长时间？”格罗夫问负责汇报的人。

“20 分钟。”

格罗夫回复说：“请用 10 分钟说完。”

这位高管一定给格罗夫留下了很好的印象，因为他一直在随着公司成长。不过，他永远不会忘记他要当场删减汇报内容的经历。

英属维尔京群岛的内克尔岛是理查德 · 布兰森的私人岛屿，他每年会在那里举办一场不同寻常的创业大赛。这场比赛被称为“极限技术挑战”。这场比赛会提前几个月开始，有 2 000 名创业者参加，其中只有 10 位能入围。他们将在拉斯韦加斯的国际消费电子产品展大会上展示他们的创业理念。前三名会受邀前往内克尔岛在布兰森和其他评委面前介绍自己的想法。你可能会想这个热带小岛的微风会让参赛者感到轻松自在，但对这几位决赛选手来说竞争异常激烈，他们希望从这位亿万富翁企业家那里得到投资和支持。

每位决赛选手都有 10 分钟的时间陈述自己的想法。有一位获胜的创业者告诉我，必须清楚而快速地介绍一个连贯的价值主张。“你必须清楚地解释为什么要做这个产品，它解决了什么问题，以及为什么布兰森应该加入进来。如果 10 分钟还没有说清楚，那么你就会失去观众。”

为什么非得是 10 分钟呢？华盛顿大学的生物学家约翰 · 梅迪纳为我们提供了一个最好的答案。梅迪纳在《让孩子的大脑自由》一书中指出，在一堂兴趣度一般的课堂上（既不太令人兴奋，也不是很无聊），大多数学生会在 10 分钟刚到的时候开始走神。

梅迪纳指出，经过同行评审的研究证实，在演讲进行到 15 分钟时，人们就开始溜号了。“大脑似乎是根据某种难以改变的时间模式做出了选择，这无疑受到了文化和基因的影响。这一事实表明，在教学和商业领域必须找到一种方法来唤起某人的注意力，并让他在特定的时间段内不走神。”[4]

英特尔的那位高管、布兰森举办的那次比赛的获胜者以及训练中的那些军官都告诉我们，能够在 10 分钟或更短的时间说服别人接受你的想法可以说是真正的职业优势。如果你有二三十分钟的演示时间，那很好，但要在听众还没开始走神的前 10 分钟点明主题。

让我们客观地看一下：亚伯拉罕 · 林肯 2 分钟的演讲激励了几代人，约翰 · F. 肯尼迪用 15 分钟开启了美国的登月之梦，马丁 · 路德 · 金在 17 分钟内阐述了他的种族团结梦想，史蒂夫 · 乔布斯在斯坦福大学用 15 分钟为我们献上了当今最著名的大学毕业演讲之一。如果你无法在 10 到 15 分钟说明你的想法或梦想，请继续修改，直到做到为止。

想法是不会自己传播的。你要对词语精挑细选，如果这些词对推进故事没有作用，就删除它们。尽可能压缩、简化你的讲话，尽可能做到言简意赅。要敢于用小学生能听懂的语言。这些建议不会削弱你的论点，反对会提升你的想法，从而让更多的人听到它。

故事的简单有效原则

- 下载一个文本可读性检测软件，比如应用程序“海明威”。这些移动或桌面工具使用可靠的算法来判断文本的可读性。这些工具会告诉你，你输入的文本最低需要什么教育程度才能读懂。如果里面有太多的行话，等级会较高。词语越简单——这也是我们的目标，等级越低。请记住，在这种情况下，越低意味着越好。
- 编辑，编辑，再编辑。肯尼迪身边有着世界上最伟大的演讲稿撰写人，但他仍然通过编辑、再编辑来改进讲稿。伟大的沟通者会让他们的演讲听起来轻松自如，因为他们付出了很多努力使其达到这种效果。

- 要知道，观众会在大约 10 分钟后开始走神。有些神经科学研究发现，注意力持续的时间会长一点，但并不多……最多 15 分钟。似乎有一个内在的进化原因，导致人们在一段时间后会注意力分散。简言之，大脑觉得无聊了。所以要说到点子上，而且时间不能拖得太久。

⓮

如何让故事拥有说服力

电脑好比大脑的自行车。

——史蒂夫·乔布斯

1967年，一位37岁的股票投资者、白手起家的百万富翁陪妻子去听一位富有魅力的牧师布道。50年后，这位投资者已经成为世界上最富有的人，但他仍然记得当时"让他从座位上站起来"的那句话。这位投资者就是沃伦·巴菲特，当时马丁·路德·金博士的布道快结束了，他引用了诗人詹姆斯·拉塞尔·洛威尔的话："真理永远在绞刑架下，谬误永远在宝座上。然而，绞刑架左右着未来。"[1]

那一天，巴菲特听到了他一生中"最激动人心的一次演讲"，这引发了他对公民权利以及后来对慈善事业的兴趣。巴菲特听马丁·路德·金布道那会儿，这位民权领袖总会引用那句诗，而他的整个演讲共有7 500个词语。不过，巴菲特记住的是绞刑架和宝座的类比，而且50年后仍可以背诵。为什么呢？亚里士多德2 000多年前就告诉了我们答案，现代科学再一次证明他是对的。

亚里士多德在《修辞学》中指出，最有说服力的人会在演讲中插入大量隐喻和类比。他说，这些修辞手段会激发听众的兴趣，让他们采取行动。修辞让语言变得甜美清晰，根据亚里士多德的说法，它们“让学习变得愉快”。他说，隐喻具有“异国情调和迷人的特质”，让你的想法拥有说服力。

我们简单来讲一下语言美。类比是一个涵盖较为广泛的术语，用于比较两种不同的事物，表明它们之间的相似性。类比会迫使听众以不同的方式看待一个想法。在日常用语中，有几种形式的类比，隐喻就是其中之一。隐喻是一种文学手段，我们用一种东西来描述另一种东西，用一个词代替另一个词的意思。例如，当威廉·莎士比亚写“朱丽叶就是太阳”时，他就用了隐喻。朱丽叶不是真的太阳，但通过这几个字我们对她有了更多的了解。在罗密欧的世界里，朱丽叶就是一道亮光，是他宇宙的中心。罗密欧是晚上在阳台上说这些话的，但朱丽叶的光芒照亮了黑暗。莎士比亚很擅长此类写法。

“在有很多争议的时候，谁做的类比最好，谁就会胜出。”[2] 美国总统比尔·克林顿的前演讲撰稿人约翰·波拉克写道，“证据表明，那些忽视或低估类比的影响力的人会发现，自己很难提出论点或实现目标。反之亦然。那些能够做出最清晰、最恰当、最能引起共鸣的类比的人，往往最能达到他们所追求的目标。”

我们前面提到过，沃伦·巴菲特非常支持人们提高公开演讲的技能。他说，它能立刻把一个人的价值提高 50%。巴菲特被马丁·路德·金的演讲能力吸引，自己也用马丁·路德·金最强大的修辞方法之一来激发人们的情感，这种方法就是类比。

2017 年 5 月，伯克希尔·哈撒韦公司的 4 万多位股东来到内布拉斯加州的奥马哈，参加巴菲特和他的长期合作伙伴查理·芒格主持的会议。《财富》杂志一位参会的记者说：“年度股东大会最引人注目的是，巴菲特和芒格如何把他们对复杂技术问题的回答提炼成有说服力的、充满智慧的精辟语言，即使新入门的投资者也能理解。”[3]

巴菲特通过类比将复杂变为简单。类比是可以重复的，因为它会帮助我们理解我们知之甚少的东西。如果我们把抽象的东西与我们熟悉的东西进行类比，就会有一个框架来解释和理解复杂的问题。

在HBO电视网拍摄的纪录片《成为沃伦·巴菲特》中，我们会看到巴菲特经常使用他所擅长的类比。有一次，巴菲特引用了传奇棒球选手特德·威廉姆斯所写的《击球的科学》一书。威廉姆斯将好球区用正方形来划分。“如果投来的球恰好在他的最佳击球点，他的击球率会是0.400。”[4] 巴菲特解释说，“如果他不得不在下方击球，他的击球率可能会是0.235。投资的诀窍就在于观察一个又一个的投球，等待落入最佳击球点的那个。”换句话说，只投资在你“能力圈”中的公司，能力圈是机遇与专业知识相遇的最佳位置。

巴菲特特别喜欢用中世纪的比喻。他寻找的公司就像“一座经济城堡”，它拥有坚固的护城河，可以阻止竞争对手占领城堡。巴菲特把这个类比又提升了一步，他任命一位骑士，即一个强大的领导者，作为城堡的负责人。“在资本主义中，人们会试图从你那里夺走这座城堡，所以你希望一条护城河围绕着它，你还希望有一位极善于抵御掠夺者的骑士。”[5]

巴菲特在纪录片中还做了一个类比，他把自己早期的投资策略比作雪茄烟屁股。他寻找的公司就像“丢掉的雪茄烟屁股，里面还有最后一口烟”。巴菲特说，他的目标是在合适的时间买下这家公司以利用它最后的一口烟。

根据《金融时报》的报道，巴菲特“几乎没有一个句子”是不用类比或隐喻的。“即使巴菲特在谈论金融那么复杂、那么抽象、那么没有感情色彩的话题时，也能通过类比或隐喻让它听起来简单具体而人性化。”[6]

掌握古老的说服艺术需要理解类比的艺术和科学。没有类比，就没有说服力。类比会迫使人们摆脱传统思维。当一个想法或概念与以前的完全不同时，需要非常规思维才能说服别人接受。“类比之所以有用，是因为它能变不熟悉为熟悉。”[7] 波拉克写道，“类比能够把陌生的地带变成我们熟悉的地带，从而帮助我们在新的地带驰骋。”

类比是人类认知的核心

道格·霍夫施塔特的女儿大约两岁时，她说她想要给香蕉“脱衣服”。她不知道该用“剥皮”这个动词，所以她的大脑把剥香蕉和她所知道的东西联系起来——给娃娃脱衣服。霍夫施塔特注意到女儿的话，因为在研究类比方面几乎没有人能超过他。“类比是我们思想的关键机制。”[8] 他说，“它构成了我们的精神生活。”

霍夫施塔特是位认知科学家，曾获普利策奖。他对人工智能赋予了计算机像人类一样的智能这一普遍看法持怀疑态度。如果计算机坏了，丢进了垃圾堆，我们不会想它。如果一个人去世了，我们会非常想念她。霍夫施塔特在他的获奖图书中写下了一段很美的文字：“伴随着一个人的死亡，一些余晖还存留在那些他最亲近的人的脑海中，有些明亮，有些暗淡，在活着的人的脑海中，像一团日冕，依旧生辉。”[9]

霍夫施塔特认为，人与计算机之间的区别就在于类比。人类天生就会通过类比来认识世界，这种思维方式与人工创造的认知系统完全不同。

下面这种情况肯定发生过无数次。你向一个人讲述你的一次经历，这个人回答说：“我也碰到过同样的事！”他讲完自己的经历后，你发现和你的经历没有一点儿关系。虽然他们试图讲一个比你更好的故事，但他们的大脑只是想找一个类似的情况，能和你的经历归为一类。人类的大脑总是想着省事，而类比具有高效性，它能帮助我们理解一个概念，同时省点儿脑力。

我们无时无刻不在做类比。大多数类比都集中在小处，比如上文的剥香蕉皮，也有大到可以改变世界的类比。霍夫施塔特写道："从日常活动中最小的事到最伟大的科学发现，类比可谓人类认知的核心。"[10]

物理学领域有一个著名的船和塔的类比。1624 年，天文学家伽利略用实验证明，人们普遍认为太阳围绕地球旋转是错误的。批评伽利略的人说，如果地球在转动，那么从塔上扔下来的石头就不会像往常那样落在塔底。石头会偏离塔身。伽利略用一个简单的类比就证明他们错了。他从一艘行驶的船的桅杆上扔下一块石头，石头就落在了桅杆的底部。塔之于地球，正如桅杆之于船。当然，这个类比是正确的，但并不为某些人所接受。伽利略被判犯有异端罪，在软禁中度过了余生。

伽利略所做的类比效果太好了。在 17 世纪，与众不同往往意味着死刑，但在 21 世纪，与众不同会让你闻名于世。在这个瞬息万变的世界中，与众不同是成功必不可少的元素。

围绕类比用理念讲故事

2004 年，领英的联合创始人里德 · 霍夫曼还在继续寻找 1 000 万美元的资金。当时，社交网站 Friendster 拥有 1 050 万用户，聚友网（MySpace）拥有 200 万用户，而霍夫曼的领英公司却只有 90 万用户。领英不是市场的领头羊，也没有一分钱的收入。霍夫曼没有办法用数据讲故事，因为他们在这方面很弱，但他可以用理念来讲故事。正如他后来所说的，这个理念围绕着一个核心类比展开。

“如果我们把领英定为一个工作 / 分类广告网站，那么大多数聪明的风险投资家都不会投资。”[11] 霍夫曼在博客中分析了领英最开始的创业演示，“大多数技术革命都建立在一两个简单的理念之上。我们的理念很简单：为一种新型的人员搜索提供平台，这个平台还可以为许多其他企业所用。”

这个想法听起来可能很简单，但霍夫曼必须说服投资者，从名录移向网络将产生真正的价值。他需要一个类比，这正是霍夫曼第五页幻灯片所展示的内容。

这页幻灯片上有两个公司的标志。霍夫曼在左边放了一张报纸的图片，这家报纸已经将分类广告放到了网上，结果很失败。右边放的是易贝（eBay）的照片，一家大获成功的公司。霍夫曼告诉投资者：“易贝建立了自己的网络。它有声誉，有交易历史。所以，为在线分类广告建立一个网络很有价值。”[12]

霍夫曼做的类比起到了效果，领英成为全球领先的职业社交网站。2016 年，它以 260 亿美元的价格卖给微软，成为微软历史上最大的一次收购。

霍夫曼现在是亿万富翁，是格雷洛克公司的合伙人。他建议创业者采用领英成功的策略，即在创业演示中使用类比。他说，投资者没有太多的时间，而创业者往往没有太多的东西可以演示，所以可以把你的想法与投资者已经知道的公司联系起来。

格雷洛克公司每年会看 5 000 个创业演示，从中选取最多 800 个进行仔细研究。公司每年会投两个项目，也就是说每年的入选率只有 0.04%。是什么让创业者脱颖而出的？首先，如果格雷洛克公司的投资者不了解创业者的想法的长期影响，那么创业者就不可能赢得投资。类比增加了创业者进入获胜圈子的可能性。

创业公司和精神领袖都要依靠类比

教皇方济各出席了2017年的TED大会，给了我们一个惊喜。他在那次演讲中做了一个类比，这个类比在推特上被分享了6 000次，并且出现在1 000多个标题中。他说："权力就像空腹喝杜松子酒，你会感到头晕目眩，喝醉酒，失去平衡。如果你不把谦卑温柔和权力联系起来，你最终会伤到自己和身边的人。"[13]

教皇方济各在几乎所有的演讲中都会用到类比。他曾说："对特蕾莎修女来说，怜悯就像盐一样，给她的工作增添了味道。"他经常说，教会就像一个处于社会边缘的"野战医院"，一直在寻找"受伤者"。

在一篇关于婚姻和家庭的重要论文中，教皇方济各引用了《圣经·诗篇》中的经文："你儿女围绕你的桌子，好像橄榄栽子。"[14]他还把地球与家庭做了类比："我们共同的家园（地球）就像一个与我们一起生活的姐姐，也像一位张开双臂拥抱我们的美丽母亲。我们的姐姐现在正向我们哭诉，因为我们对她造成了伤害……她恳求，她呼喊……我们共同的家园正严重失修。地球，我们的家园，越来越像一堆巨大的垃圾。"

教皇方济各将他的写作和演讲风格归功于耶稣会的布道术训练（即布道的艺术）。如今，他建议年轻的神学院学生锻炼自己的演讲技能。他用了一系列类比来说明演讲的重要性，他说传福音要"被圣灵之火点燃"，去"激活信徒的心"。

创业精神里充满了《圣经》中使用的隐喻语言。创业者被比喻为负有寻找信徒使命的传教士。投资者寻找的是内心有激情和熊熊之火的创业者。伟大的沟通者能够激励观众（在宗教里，"激励"意味着被注入圣灵）。

创业公司和精神领袖都要依靠类比，这并非巧合。信仰强调的是未见而信。投资者需要很多信心才会把钱投给一个除了创意几乎别无其他的创业者，如何表达这一创意决定了一切。没有人比隐喻大师史蒂夫·乔布斯能更好地表达一个想法了。

乔布斯的获胜秘诀：类比和隐喻

我们前文提到过演讲撰稿人约翰·波拉克，他称史蒂夫·乔布斯为类比大师。波拉克认为，乔布斯对用户友好设计的痴迷“从根本上说都是用类比体现的”。例如，1983 年，施乐公司之外的人很少听说过“图形用户界面”这个词。乔布斯也没有用过这个词，至少在和非技术人员交谈时没用过。相反，他称其为计算机的桌面。文件可以放到文件夹中，用户可以在桌面上移动文件夹或将其拖到回收站。乔布斯必须变不熟悉为熟悉，变复杂为简单，变抽象为具体。类比则是他获胜的秘诀。

乔布斯曾在《科学美国人》上读到了一项研究，该研究测量了不同物种移动特定距离所需的能量。牛津大学工程学讲师 S. S. 威尔逊 1973 年撰写了这篇长达 11 页的文章。秃鹰效率最高，人类排在大约倒数 1/3 的位置，远远落后于马，但在鲑鱼和蜜蜂之前。但是，如果骑上自行车，人类就会超过其他物种，成为能效最高的物种。乔布斯后来用这个类比来解释他的业务核心：“对我来说，电脑就是我们所提出的最棒的工具。它好比大脑的自行车。”[15]

乔布斯在表达自己的想法时会用到许多修辞手法，其中最主要的是类比和隐喻。乔布斯 1984 年首次谈到麦金塔电脑（Macintosh）时说：“我们想做的产品就像第一部电话一样。我们希望做一个大众都会使用的电器。”他用类比做了进一步解释。他说，1844 年大多数人预测电报不会进入每个美国家庭。之所以没有，是因为大多数人无法学习怎么使用它，由点和破折号组成的莫尔斯电码真的太难了。亚历山大·格雷厄姆·贝尔发明的电话要简单得多。乔布斯要求麦金塔电脑团队做出“电脑行业的第一部电话”，要让普通人很容易学习并使用，让普通人喜欢上这台电脑。

有人曾问乔布斯为什么他会给自己的团队制造冲突和紧张。乔布斯用隐喻做了回答：

> 我小时候，街上住着一个鳏夫。我和他还算认识。有一天，他邀请我去他家车库，他拿出一台满是灰尘的石头打磨机。这台老旧的机器有一个马达和一个容器。我们从后院找了一些破旧丑陋的石头，放到了机器的容器中，加了一点液体和粉末，然后打开了电机。第二天我再去的时候，我们从里面拿出了抛好光的极其漂亮的石头。放进去的普普通通的石头，经过相互碰撞，产生了一点点摩擦和一点点噪音，结果出来的是抛光后的漂亮石头。这个比喻适用于为自己热爱之事努力奋斗的团队。它会贯穿团队的始终，这个团队由天赋异禀的人组成，大家会有碰撞，会有争论，有时会吵起来，产生一些噪音。他们一起工作，共同改进想法，最后出来的就是真正漂亮的石头。

亚里士多德曾写道：“成为隐喻大师是迄今为止最伟大的事……它也是天才的一个标志。”普通的沟通者会采用直白的讲稿，而演讲天才会用类比将自己与别人区别开来。

用类比思维讲故事

- 类比和隐喻会让你的演讲拥有“语言美”。

• 要开始关注类比和隐喻，你可以在任何地方找到它们。

• 要想找到创意，你可以读一读沃伦 · 巴菲特每年一次的致股东的信和约翰 · 波拉克的《创新的本能：类比思维的力量》。

⓯

达·芬奇、毕加索和你

很少会有新想法平白无故地冒出来。更常见的是，我们把不同的想法放在一起，而从来没有人这样做过。

——詹姆斯·帕特森

1992 年，年轻的作家兼导演安德鲁去了一次六旗海洋世界的水族馆，他想如果用电脑动画展现海底世界该有多酷。他心想，这个项目很有意思，但直到 5 年之后他才开始做这件事。那时，安德鲁带儿子去公园，他意识到自己是一个过分保护孩子的父亲。“别碰他，别去那儿，别拿它。”他记得自己对儿子说。突然间，这两次经历碰撞出火花。

安德鲁召集了一次电影制作选题会。他有一个想法，要拍一个关于鱼的电影，但不是随便什么鱼，这个有关鱼的故事会和观众产生情感上的共鸣。一个小时后，安德鲁讲述的父亲通过史诗般的旅程寻找被绑架儿子的故事让同事们着了迷。这是一个有关抗争的故事：一个寻求独立的孩子和一个试图控制孩子的父亲。安德鲁充满激情的介绍极具感染力，因为这个故事以他的个人体验为基础。他用海洋比喻生活，海洋是一个充满风险和不确定性的有趣的地方。安德鲁大概介绍了整个故事和其中的人物。

安德鲁的介绍结束后，屋里一点声音都没有。安德鲁的老板约翰·拉塞特简单地说了一句："你说'鱼'那个字时就吸引了我。"所有人都鼓起掌来。安德鲁·斯坦顿的选题通过了，《海底总动员》得以开拍。皮克斯的这部电影成为当时票房最高的动画电影。

皮克斯的总裁埃德·卡特莫尔在《创意公司》中回顾了斯坦顿的那次介绍。卡特莫尔称其为"一次杰作……简直太出色了"。

激发创意的四种方法

以独一无二、不同寻常的方式传达想法能吸引人们的注意力，并激发他们以不同的方式看待世界。但是，在你提出一个原创想法之前，你得先有一个新颖的想法。通过神经科学，我们对历史上创意最多的人的了解比以往任何时候都多。他们的经历可以帮助我们每个人想出最好的点子。

将各处的创意联系在一起

甲骨文公司的创始人、亿万富翁拉里·埃里森和史蒂夫·乔布斯做了 25 年最好的朋友。埃里森在乔布斯去世后回忆道："他很杰出，他是我们这个时代的爱迪生，他是我们这个时代的毕加索。"

埃里森这样说是有道理的，爱迪生、毕加索和乔布斯都是发明家和创新者。萨姆休斯顿州立大学在线毕加索项目的主任恩里克·马伦博士说："用毕加索来比喻史蒂夫·乔布斯很恰当，因为乔布斯在很多方面都很有创新性，其中之一就是他能够以不同的方式看待现实。他看待艺术语言的方式也不同。毕加索本可以采用当时的传统方式，一辈子也可以做得很好。但是，就像乔布斯一样，他想要改变。”[1]

我联系了马伦博士，因为他是研究毕加索的权威人士。他的在线项目拥有毕加索生活和工作最详细的目录。具体来说，我想知道为什么埃里森选择将乔布斯与毕加索进行比较，为什么乔布斯本人喜欢毕加索的那句名言“优秀的艺术家模仿，伟大的艺术家剽窃”。

马伦说，“模仿”就是要做和别人完全一样的事。一位优秀的画家可以模仿别人的作品或风格，但这不是创新。毕加索和乔布斯都是创新者，因为他们没有模仿，他们从各自的领域或经验之外寻找最好的想法来创造世界上从未有过的创新。

举个例子，毕加索 1907 年创作的著名画作《亚维农少女》和乔布斯的麦金塔电脑都是通过“剽窃”创意来创造全新的东西。它们都是离经叛道的代表。

毕加索的油画在艺术圈制造了一场丑闻，因为它在几个层面上违反了艺术“规则”。首先，毕加索将妓女作为画中人物在当时并非“合适的”主题。其次，毕加索在同一幅画中融合了两种风格，与当时的传统完全不同。如果你在网上搜索这幅画，你会看到人物的脸呈现两种风格。左边的三位少女用的是古老的伊比利亚风格（轮廓分明的眼睛、大大的耳朵、侧面的鼻子）；右边的两位少女受到非洲风格的影响，以色彩鲜艳的面具为特征。毕加索在同一张画布上应用两种技巧和两种风格，以此挑战当时的现状，为一种全新的艺术形式——立体主义搭建了舞台。

将时间快进到 1984 年，我们发现乔布斯利用相同的创新过程彻底改变了另一个领域——计算机。有趣的是，乔布斯也受到了艺术的影响。他在里德学院上了一门书法课，没有别的原因，就是因为他喜欢书法。1971 年，书法在他的生活中没有实际的应用，但多年后他将计算机和艺术融合在一起，创造了一个全新的产品。

“当时，里德学院的书法课可能是全美最好的。”[2] 乔布斯 2005 年对斯坦福大学的毕业生说，“我学习了衬线字体和无衬线字体，学会了如何在不同字母组合间变换间距，学会了如何做出很棒的排版。那种美好、历史感和艺术精妙是科学永远捕捉不到的，我发现那实在是太迷人了……10 年后，我想起了当时所学的东西。我们把这些东西都融入麦金塔的设计中，它是第一台有着漂亮字体的电脑。”

乔布斯很有创意，原因是他对新的经历持开放的态度。他学习书法和禅宗佛教，他拜访印度的静修处，他漫步于梅西百货的厨房用具区域（第二代苹果电脑仿照了厨具品牌美膳雅），他的苹果零售店效仿了丽思 · 卡尔顿酒店的服务模式（尽管苹果天才吧提供的是建议而非酒）。乔布斯体验着这个世界，并以这些体验为基础改进已有的东西。乔布斯说，创造力“归根结底是要让自己接触人类所创造的最好的东西，然后尝试将这些东西融入你正在做的事情中”。[3]

当乔布斯说他“并不以剽窃伟大的想法为耻”时，他的意思和毕加索如出一辙。任何人都可以效仿自己的竞争对手。当你站在前人的想法上进行创造时，真正的创新就会出现。

“史蒂夫 · 乔布斯教会我要‘变换焦距’，要让眼光越过行业的界限。”[4] 苹果公司前首席执行官约翰 · 斯卡利说，“史蒂夫本质上是一位设计师。他喜欢书法，书法给他留下了深刻的印象。然后，他去施乐公司看看他们在做什么。他看到了第一个使用图形用户界面并建立关联能力的实验工作站。”

斯卡利称之为“变换焦距”或“建立关联能力”。你可能认为这属于“顿悟时刻”，你最好的想法并不总是出现在你想要它出现的时候。它们并不总是按照你的时间表出现，或是在你盯着电脑屏幕时出现。幸运的是，我们知道原创想法是如何产生的，它们来自何处，以及何时会到达我们的心理邮箱。

企业历史上被谈论最多的一页幻灯片最早出现在2011年，也就是乔布斯推出第二代平板电脑的时候。这页幻灯片上放了两个交叉的街道标志，一个上面写着“技术”，一个写着“人文”。乔布斯说，仅靠技术还不足以打造出优秀的产品。唯有技术和人文的相交或者说结合才会让他的“内心唱起歌来”。乔布斯传记的作者沃尔特·艾萨克森在书中谈到另外一位具有创造力的天才达·芬奇时提到了这页幻灯片。

“如今，不管我们是学生、学者、工人还是专业人士，我们所在的世界都鼓励专业化。我们往往还会抬高技术和工程方面的培训，相信未来的工作将属于那些懂得编码和建造的人，而不是那些有创造力的人。”艾萨克森写道。[5]他指出，未来的创新者就像达·芬奇和乔布斯一样，会研究科学的艺术以及艺术的科学。

达·芬奇7 000多页涉猎广泛的笔记存留了下来。这些笔记告诉我们，达·芬奇对世界充满了无限的好奇。他让自己的思绪徜徉于艺术、科学、工程和人文领域。他并不把科学和艺术区分开来。历史上最具创造力的天才之所以能成为天才，是因为他认为每件事都是相互联系的。所以，达·芬奇将自己看成科学家、工程师、艺术家、发明家、解剖学家、哲学家、画家和会讲故事的人。他研究数学，发明了一个测量尺寸、空间和视角的系统。他研究光的科学特性。他在佛罗伦萨跟随当时的艺术大师学习绘画。他将这些想法联系起来创造了《蒙娜丽莎》和《最后的晚餐》。

达·芬奇被视为历史上最伟大的天才，因为他将不同领域结合起来以创造新的想法。当安德鲁·斯坦顿将他个人经历中的想法结合起来创作出《海底总动员》时，他只是在追随古代艺术家的步伐。你也可以做到的。

2015年，奥地利和丹麦的一组研究人员做了一项备受瞩目的实验。

他们发现，当人们对某个特定领域过于熟悉时，会阻碍人们的创造力，因为人们不再去其他专业领域寻找创意。研究人员采访了数百名屋顶工人、木匠和直排轮滑运动员。选择这三类人是因为，他们虽然分属完全不同的领域，却有一个类似的问题：使用安全装置以防止受伤。屋顶工人使用安全带，木匠使用安全面罩，而直排轮滑运动员使用护膝和护肘。

研究人员做了 306 次采访。受访者要回答他们对以下问题有什么最佳的想法：改进他们自己领域以及其他两个领域的安全装置。安全装置评委会审核了他们的答案。实验结果非同寻常：与自己的领域相距越远，受访者提出的解决方案就越新颖。换句话说，与自己的领域相比，受访者更善于为其他领域提出创新的解决方案。

这项实验让我们得以窥探创造型天才的大脑。他们不是因为更聪明才成为天才的，之所以能成为天才，是因为他们愿意把不同领域的想法结合起来。当被问及是什么让麦金塔电脑成为一台革命性的计算机时，史蒂夫·乔布斯回答说："麦金塔电脑之所以伟大，部分原因在于它的设计者是音乐家、诗人、艺术家、动物学家和历史学家。"乔布斯补充说，他们碰巧还懂计算机科学。乔布斯的目标不是达到平均水平，而是造就伟大。他说，伟大源于把不同的想法结合起来。

找到你的主题曲

当我写第一本关于史蒂夫·乔布斯及其演讲技巧的书时，我用上了背景音乐。因为乔布斯是鲍勃·迪伦的粉丝，所以我播放迪伦的音乐激励我自己。它让我处于一种创造性的思维状态中。但是，如果你必须选择一种音乐风格来激励你达到最好的写作、思考和创作水平，它会是什么？演讲撰稿人和科学家讨论过这个话题，答案是电影配乐。这是有道理的。爱尔兰摇滚乐队 U2 的主唱博诺曾经说过，一个伟大的旋律就像一个伟大的创意，两者都会立刻让人记住。所有精彩的演讲都应该以书面文字开头，这些文字像惬意的旋律一样起伏。伟大的沟通者不会打开幻灯片就立即插入照片或项目符号，他们会考虑自己想说什么以及怎么说。一个令人难忘的演示文稿就像一部伟大的电影一样，有张力，有冲突，有激动人心的结局。

如果要讲一个英雄和恶棍的故事，为什么不听听那种在大屏幕上颂扬英雄故事的音乐呢？罗纳德·里根的演讲撰稿人佩吉·努南喜欢将电影配乐作为背景音乐。努南在《打开美国大门的音乐》这篇文章中谈到了让她想起美国及其价值观的配乐。努南说伦纳德·伯恩斯坦为电影《码头风云》配的乐是“激动人心的，让人心碎的，无比温柔的……这让我想起了人们每天努力生活的重要性。即使你觉得自己只是个没人认识的蓬头垢面的人，一个只会走向失败的昔日的拳击手，你也可以在自己身上找到你从未意识到的那份高贵”。[6] 努南从一首音乐中就得出了这么多的见解。

《配乐》是一部关于电影配乐的纪录片，这部片子的名字起得很恰当。心理学教授谭秀兰博士（音译自 Siu–Lan Tan）在片中指出，电影配乐会同时触发大脑的许多结构。旋律和音高由大脑中的一个系统处理，节奏和韵律由大脑的其他部分处理。她说，有一些音乐会触发大脑的奖赏中心——腹侧纹状体和伏隔核，释放神经化学物质。如果我们不使用科学术语，她的意思就是音乐会让我们有种很好的感觉。

电影配乐可以唤起人的各种情感，它可以让你哭泣（《辛德勒的名单》），让你加入战斗（《勇敢的心》），或者只是让你跑开（《洛奇》）。电影配乐和公开演讲结合起来有时会产生魔力。在《配乐》中，作曲家特雷弗·拉宾回忆起巴拉克·奥巴马在芝加哥接受民主党总统提名的那个晚上。随着奥巴马结束演讲并向观众挥手致意，拉宾为《光辉岁月》创作的音乐越放声音越大。观众们欣喜若狂，许多人在哭泣和欢呼。那天晚上，言语、音乐和情感联系在一起。“如果它让我起了鸡皮疙瘩，很可能也会让别人起鸡皮疙瘩。”拉宾说。[7] 事实确实如此。

电影配乐会推动故事的发展。没有配乐，电影就不会有原来的效果了。也许聆听配乐会给你的下一次演讲注入一点电影的魔力。这值得一试，最差的结果也就是你想去挑战世界。

多读书，成为更好的演讲者

美国退役海军上将詹姆斯·斯塔夫里迪斯家里藏有 4 000 本书。他的名片一面印着他的头衔：塔夫茨大学弗莱彻法律与外交学院院长，另一面印着他最喜欢的托马斯·杰斐逊的一句名言：我的生活里绝对不能没有书。

斯塔夫里迪斯在美国海军服役长达 37 年，曾在战斗中指挥驱逐舰和航母战斗群。他在北约当了 4 年的盟军最高指挥官，并撰写了美国海军学院的必读书籍。他对书有很深的热爱。有一次，我碰到斯塔夫里迪斯，和他谈起了他的《领导者的书架》一书。他说：“一个人的书架至关重要，能够培养自己激励别人去追求有价值的目标的能力。”[8] 在我们的交谈中，斯塔夫里迪斯给出了三个理由，表明书可以让领导者成为更有效、更清晰、更鼓舞人心的沟通者。

很少有哪个问题属于新的挑战

斯塔夫里迪斯说：“你今天碰到的问题，几乎总是可以在历史上（小说、回忆录、传记）找到类似的版本。”20 年前，当斯塔夫里迪斯准备接管一艘海军驱逐舰时，他读了帕特里克·奥布莱恩撰写的 20 部经典海上冒险小说。他跟随《怒海争锋》中杰克·奥布里船长的步伐，心里想着如果自己碰上那种情况该怎么办。

读书能够帮助领导者创造有感染力的言语去激励一个团队

斯塔夫里迪斯指出，沟通在领导者的工具箱里处于核心地位。他的桌子上总是放着一本集子，里面都是世界上的伟大演讲。“当我困于某个交流上的难题，我会读读苏格拉底、丘吉尔、罗斯福或约翰·F. 肯尼迪的演讲，因为读这些演讲能够打开自己的修辞之门。”斯塔夫里迪斯说，“领导力就是要创造一种想法，并让别人相信它很重要，它能解决某个挑战。要做到这一点，你必须让别人知道这个挑战是什么，为什么重要以及清晰的解决方法。”

阅读文笔优美、条理清晰的作品会让你成为更优秀的作家

斯塔夫里迪斯说：“慢慢地我成了一名相当优秀的作家，因为我从小就对书爱不释手。教别人写作很难，但通过阅读你会成为一个更好的作家。优秀的领导者必须拥有良好的沟通能力。通过阅读，写作这项很难的技能可以得到最好的磨炼。”

当然，海军上将斯塔夫里迪斯并不是唯一一位酷爱读书的伟大领袖。美国人平均的读书时间为每天 19 分钟，但亿万富翁沃伦·巴菲特 80% 的办公时间 ——大约 6 个小时，都用在了读报纸、杂志和书籍上。埃隆·马斯克是一位阅读量惊人的读者，有时会在一天内读完两本书。比尔·盖茨每年大约读 50 本书。亿万富翁马克·库班每天阅读 3 个小时，而马克·扎克伯格每两周读一本书。是的，成功是有迹可循的。

2009 年，卡内基·梅隆大学的研究人员首次发现，阅读实际上可以改变大脑的连接，尤其是脑组织正在发育中的儿童。[9]这些科学家在《神经元》杂志上撰文说，他们发现阅读可以提升脑白质，白质负责在灰质间传递信号，而灰质是用来处理信息的脑组织。通过改善白质的“完整性”，儿童能够更好地交流，更流利地表达他们的想法。虽然这项研究针对的是 8 到 10 岁的儿童，但最近对大脑可塑性的研究表明，即使成

年后，我们的大脑也能形成新的连接。所以，读书似乎可以让我们的大脑保持年轻，同时提高我们的沟通技能。

去陌生的地方旅行

正如史蒂夫·乔布斯在研究其他领域的产品时想到了最好的点子，林–曼纽尔·米兰达在距离百老汇 6 000 多米以外的地方想到了最好的点子。“我一生中有过的最好的想法（也许以后都不会再碰到这么好的想法了）是在度假时想到的，这并非偶然。”[10] 米兰达告诉阿里安娜·赫芬顿，“我的大脑休息的那一刻，汉密尔顿走了进来。”

有一次，米兰达和妻子去墨西哥的普拉亚德尔卡门度假。米兰达是个酷爱读书的人，他走进了一家书店，发现了一本 800 页的亚历山大·汉密尔顿的传记。当他在酒店的游泳池边休息时，他打开了那本书，读了起来。读到第二章的时候，他已经在想音乐剧中由谁来扮演乔治·华盛顿了。

这些灵光乍现的时刻对埃默里大学的神经科学家格雷戈里·伯恩斯来说并没有什么值得惊讶的。伯恩斯在《艾客》一书中写道：“要想让自己和别人看待事物的方式不同，最有效的方法就是用以前从未遇到过的东西轰炸大脑。新奇事物会把知觉从过去的束缚中释放出来，迫使大脑做出新的判断。”[11]

伯恩斯认为，顿悟很少会发生在自己熟悉的地方。他说，环境的每一点简单改变通常都是有效的。去国外旅行更为有效，特别是那里的自然环境和文化与自己的国家完全不同时。“我们到达从未去过的地方时，大脑必须创造新的类别。正是在这个过程中，大脑将原来的想法和新的图像混在一起，创造出新的合成物……要想像艾客一样看待事物，关键是要观察以前从未见过的东西。只是盯着一个物体看，并努力地思考，并不会实现感知的突破。当感知系统碰到不知该如何解释的东西时，突破才会出现。陌生感会迫使大脑放弃常见的感知类别，创造新的感知。有时大脑需要一个崭新的开始。”[12]

“要想实现顿悟，你必须深深地沉浸在一个问题中。不过，随后，你要把它放在一边。”奥利维娅·福克斯·卡巴恩在《创意天才的蝴蝶思考术》中写道。[13]卡巴恩指出，神经科学最近发现了引发原创思想的秘密。当古老的大脑在执行网络和默认网络这两种模式之间切换时，突破就会发生。

卡巴恩用了一个聪明的类比，她把默认网络比作大脑内部的一个天才委员会，他们在这里交谈，并交流想法。这里是创造力的源泉。执行网络专注于完成特定的任务，我们可以把它看作前台。当前台休息时，会走进天才休息室，会在轻松的环境中与天才进行头脑风暴。在这里，你会看到“达·芬奇坐在角落里在速写本上画画，拿破仑在玩玩具士兵……史蒂夫·乔布斯告诉爱因斯坦他的想法不够大胆”。[14]简单来说，大脑的执行网络走进天才休息室，并定义了目标——我们需要一击！然后，在天才工作时它开始休息、散步。

本书从头至尾都贯穿一个主题——创意不会自我推销。不过，有时我们需要一些帮助来触发这些新颖的想法。谈到创造力，达·芬奇、毕加索和乔布斯都可以说是我们的好朋友。当你需要灵感时，你可以想想他们。

有创意地讲故事

• 一个人不可能想有创意就能有，必须创造理想的条件，有顿悟才能有创意。

• 把不同领域的想法联合起来，听听电影配乐，读读书或散散步，以此来开启你的大脑，当你去一个陌生的国度旅行时这样做就更好了。

- 在为自己的创意准备演讲时，不要一上来就做幻灯片。在创建幻灯片或文档之前，先置身于一个创意空间，好好想想故事的各个元素。要知道，人们不会被幻灯片感动，而会被你故事中的情感因素感动。

⓰

克服恐惧

恐惧泛滥时，不可能培养艾客思维。

——格雷戈里·伯恩斯，神经科学家

有一位全球知名的牧师，他能在座无虚席的体育场馆集观众的目光于一身。他有一次坦承说，做牧师的第一年，一接近讲台他的手就会抖，掌心全是汗，心跳也会加速。他怯场很严重。这位牧师告诉我，如果他无意中听到有人批评他的演讲，他的注意力就会集中在这上面，并在脑海中一遍又一遍地播放。

我问他："你是怎样克服这个习惯的？"

"我开始以更积极的方式给自己打气。我没有自我贬损，而是让自己振作起来。"他说。

这位牧师同时开始练习，每次讲道前他都会排练几个小时。最新的神经科学研究得出结论，这位牧师根据直觉做对了两件事，即认知重评和排练。

认知重评——驯服你的杏仁核

这位牧师告诉我，他通过“改变内心的思考方式”克服了对公开演讲的恐惧。他没有专注于出现的问题，也就是他无意中听到的负面评论，而是专注于他做得对的地方以及人们如何为他的传道所感动。

牧师所做的就是心理学家和神经科学家所说的“认知重评”。神经科学家格雷戈里·伯恩斯表示：“认知重评是指重新解读情感信息，以减少情感成分。”[1]

伯恩斯等人发现，“重评”会抑制杏仁核，杏仁核是我们大脑中战斗或逃跑反应的来源（我们公开演讲时会因为这种反应而心跳加速）。重评你内心的想法，杏仁核会被驯服。

伯恩斯的观察结果在过去几年得到了许多研究实验的验证。哥伦比亚大学的研究人员在《重新思考情感：基于功能性磁共振成像的情感认知调节研究》一文中总结道：“我们可以通过改变思维方式来改变我们的感受，从而减轻痛苦经历带来的情感后果。”[2]

当然，重新思考我们对外部事件的看法并不是什么新鲜事。

这在整个历史上都可以见到。从马库斯·奥里利厄斯到威廉·莎士比亚，伟大的领导者和作家一直知道，虽然我们无法控制发生在我们身上的事，但我们可以选择如何解释这些事和经历。正如莎士比亚在《哈姆雷特》中所写的那样，“世上之事物本无善恶之分，思想使然”。

沙恩·贝洛克博士是芝加哥大学人类表现实验室的心理学教授。她在《窒息》一书中解释了为什么有些人在压力之下会跌倒，而有些人却能不断成长。她利用体育、考试和公开演讲等高度紧张的情况对人进行了测试。

为什么许多人在高度紧张的时候会说不出话来，其中一个原因是我们给自己增加了压力，而这种压力我们是可以消除的。贝洛克表示，例如，“当担忧和自我怀疑充斥大脑时”，人们更有可能搞砸一场演讲。[3] 当你担心别人的看法时，很难有最佳表现。“对一件事的预期，特别是对别人如何评判你的预期，足以在你还没登台之前就给你施加压力。”

重评会让这一循环戛然而止。

贝洛克说：“我们重评事件的能力源自前额皮质。重评是我们用来反思别人行为并相应改变我们自己的情绪反应的主要认知工具之一。”[4]

重复练习：在压力下训练讲故事

除了重评，贝洛克还建议用“压力训练”来克服紧张和压力。这适用于运动员和准备公开演讲的商业人士。贝洛克写道：“即使在轻微的压力下练习，也可以防止在压力较大时说不出话来。”[5]

举个轻微压力的例子，叫上几个朋友或同伴看你练习即将发表的演讲，让他们在会议室、办公室或家中观看“彩排”。贝洛克说：“模拟较低的压力有助于防止你在压力增大时垮掉，因为以这种方式练习，你能够学会不管面对什么都保持沉着、冷静、镇定。”[6]

在《社交天性》一书中，加州大学洛杉矶分校的心理学教授马修·利伯曼教授解释了压抑紧张与重评我们看待事情的方式之间有什么区别。就公开演讲而言，压抑情绪意味着走上讲台，面带微笑，并对自己说“我不紧张，我不紧张，我不紧张”，可问题是你很紧张。观众可能看不出来你很紧张，这很好，但这不会让你下次觉得自己处于最佳状态。

排练和重评有助于你达到高效能的心理状态。如果你改变自己对公开演讲的看法，并在压力下进行排练，你可能会发现自己正期待而非害怕下一次演讲。

克服对演讲的恐惧对那些不满足于平均水平的人来说更为重要。高于平均水平的演讲者，也就是顶级的说服者，必须有勇气和信心走上讲台，说出自己的心声。

如果你害怕公开演讲，不要对自己太过苛刻，因为像你这样的人并不少。世界上很多成功人士最近都公开谈论自己的怯场经历，他们包括《实习医生格蕾》的编剧和制片人珊达·莱姆斯、亿万富翁理查德·布兰森和沃伦·巴菲特、音乐家芭芭拉·史翠珊和阿黛尔。《鲨鱼坦克》中的投资者、房地产大亨芭芭拉·科科伦承认，她在职业生涯早期非常害怕公开演讲。她自告奋勇地去教房地产课程以帮助自己克服紧张的情绪。科科伦曾经说过："如果你要在商界打拼，最重要的是能够将你的想法传达给你遇到的每一个人。"科科伦知道，如果她没有勇气站起来发表自己的想法，就会在这件最重要的事情上一败涂地。

有一个原创的想法并不足以保证成功，当事人还必须传播这些想法。不过，如果他们无法克服恐惧和怀疑，就不会成功。值得高兴的是，恐惧和怀疑往往是我们强加给自己的。如果我们能把这些限制加到自己的身上，那么我们也能把它们挪走，从而提振自己。

要知道，怯场是很正常的。我们天生就渴望被社会群体接受。如果我们的原始祖先被部落驱逐出去，他自己是无法存活下去的。今天，可能发生的最糟糕的事情就是演讲失败了，但我们生理上仍然会像几十万年前那样做出反应。

怯场就像我们讨厌蜘蛛一样，根植于我们的内心。1991 年，伦敦城市大学的心理学家格雷厄姆·戴维发现，大约 75% 的本科生对蜘蛛存在轻度或严重的恐惧，即使他们没有负面的经验或"被蜘蛛咬过"。戴维表示，我们天生就害怕蜘蛛，这是一种适应性反应，自人类出现以来就一直伴随着我们。

就害怕蜘蛛和害怕公开演讲这两种情况而言，我们很少能完全消除战斗或逃跑反应，但我们可以学习如何克服。心理治疗师如何建议人们克服对蜘蛛或公开演讲的恐惧呢？答案是不断练习，从一小步一小步开始，每次都增加“一点点压力”。对害怕蜘蛛而言，我们可以在碰到狼蛛之前把屋子里贴满蜘蛛的照片。对公开演讲而言，正如我们所讨论的，我们要在别人面前排练。

如果我们不直面恐惧，就无法克服恐惧。流行歌手阿黛尔就是这样克服怯场的。几年前，阿黛尔说，她更喜欢小型或低调的演唱会，以此来应付自己的紧张情绪。她逐渐提升勇气，2016 年在伦敦容纳 2 万人的 O2 体育馆，她举办了一场演唱会。接下来，阿黛尔举办越来越大的演唱会——从小蜘蛛到狼蛛。随着她收到更多的积极反馈，她的自我怀疑越来越少，信心随之增强。如今，阿黛尔表示她的怯场正被“表演能量”取代。这个词用得很好，也是一个重评的好例子。怯场会引发更多的恐惧，而表演能量意味着一个人真正在意自己的观众。

面对恐惧，这是克服并最终征服它的唯一方法。克服恐惧后，取而代之的是与观众建立联系所带来的快乐。你应该为分享自己的想法而高兴。毕竟，它们有可能会改变世界，这是十分令人兴奋的事。

刻意练习才能脱口而出

• 伟大的沟通者不是天生的，而是后天练就的。从历史人物到今天的商业领袖，世界上很多最鼓舞人心的演讲者都克服了焦虑、紧张和怯场。你也可以的。

• 神经科学家已经确定了两种方法，可以帮助你在压力之下有突出的表现：认知重评和排练。

• 认知重评就是重新审视你对自己和生活中所发生的事的看法。将负面思想转为正面思想是获胜的关键。一旦你改变了内心的想法，就必须花时间练习。一遍又一遍地练习演讲能增强你的信心，让你为重大日子做好准备。

| 结语 |

说服力就是影响力

发自内心的话才能打动人心。

——犹太谚语

拉里·史密斯博士在滑铁卢大学当了 36 年的经济学和创业导师，与学生进行了 2.3 万多次的职业谈话。通过这些交谈，他确信要在任何领域取得成功都需要两种品质：激情和沟通。

激情是排在首位的。我和史密斯就这个话题聊天时，他告诉我说："把卓越和激情连在一起的就是创新能力。我不相信任何人能在他们不在意的领域或学科中做出创新。"[1] 史密斯表示，人们可以获得薪水、地位和晋升，但如果他们不关心，不真的关心这个领域，那么他们就不会改进、学习，并找到解决问题的更好的方法。头脑不能停止思考它所喜爱的东西。

史密斯解释说："如今，激情是事业成功的核心所在。50 年前，我们也许会说激情是一种理想的品质，但并非绝对必要，有良好的职业道德和销售技能就足够了。现在，经济已经不再那么温和，竞争越来越激烈，越来越多的工作将实现自动化。现在，如果你想成就事业，必须是个创新者。没有激情就无法创新，这是我们和机器人之间的区别。如果让我在一个有激情的解决问题者和机器之间选择，我肯定会选择前者。”

激情曾是一位英国创业者通往成功的门票，她在厨房的餐桌上建立了一个全球品牌。

祖·玛珑 15 岁的时候，有位老师告诉她，她这辈子什么都做不了（祖·玛珑患有阅读障碍症，这种病当时受到了很深的误解）。她辍学了，但立志要证明那位老师错了。如今，祖·玛珑托起了一个香水帝国。这位英国调香师和企业家在自己家的厨房餐桌上推出了祖·玛珑香水，后来雅诗·兰黛以数百万英镑的价格收购了这个品牌。

我在迪拜的一个书展上遇到了祖·玛珑，我们两人都受邀发言。我们在沙漠中坐在垫子上享受传统的盛宴时，祖·玛珑进一步介绍了她在自传《祖·玛珑：我的故事》中写下的故事。

她说，激情可不是三分钟热度。它是你身份的核心，你可能会离开它，但它不会离开你。祖·玛珑的母亲曾在一家皮肤护理中心工作，她在帮母亲干活时发现自己的嗅觉很灵敏。祖·玛珑读不懂瓶子上的字，但记住了每种成分的气味。她也是用气味记住童年的：“花园凉棚里潮湿的木头”和“爸爸的画散发出的亚麻籽油和松节油香味”。

1988 年，祖·玛珑推出了自己的品牌。她开始在厨房的餐桌上用四个塑料壶和两个炖锅混合原料调制香水。最开始她有 12 位客户，但她制造的香水很快流行起来。“香水不仅让我思如泉涌，还让我感觉很完整。它激发了我近乎痴迷的创造力。”祖·玛珑说。[2]

祖·玛珑用“痴迷”这个词来形容她的激情。她发现了自己将有所作为的事情。前文我们提到过谷歌的投资人迈克尔·莫里茨，我曾问过他最看重创业者身上的哪一点。“激情。”他回答。不过，当我问他什么是激情时，他说：“那些有卓越成就的人完全被一种迷恋附体，他们无法想象生命中没有这种迷恋……他们有一种强烈的情感呼唤。”[3]

当强烈的情感在召唤时，不要抗拒。史密斯表示，在当今赢家通吃、快速变化的经济中，激情是成功的必要因素，但这还不够。第二必要因素是能够说服别人支持你的创意。“根据我的经验，许多伟大的想法因为没有人支持而被淹没。不幸的是，想法不会自我推销。”[4] 史密斯说，“别人需要知道你哪里与众不同，以及为什么这种不同会让你更有价值。”激情和热爱，加上创造力和沟通能力，有助于你对世界产生影响。史密斯和其他许多人都认为，培养良好的沟通能力对生活和工作的成功至关重要，所以这项技能应该从小学就开始教授。

第 10 章我们提到过亿万富翁马云，他以前是位老师。马云认为，我们不应该把孩子们教育得像机器一样。我们应该教他们创新、创造、善解人意，而不是死记硬背。马云说：“机器没有心，机器没有灵魂，机器没有信仰。人类拥有灵魂、信仰和价值观。”[5] 马云曾在彭博全球商业论坛上发言，他说能够在自动化和人工智能时代生存下来并不断提升的人不一定是那些高智商的人，而是那些拥有高情商和高爱商的人。爱商（LQ）是他发明的新词。“要想得到别人的尊重，你必须有爱商，这是机器永远不会有的东西。”

说服是一门从小就应该被教的艺术

TED 演讲的策划人克里斯·安德森表示：“在 21 世纪，每所学校都应该培养学生的演讲能力。一场好的演讲可以达到群情激奋的效果，并改变听众的世界观……当我们看着演讲者的眼睛，倾听她的声音，感受她的脆弱、智慧和激情时，我们正在运用我们的无意识技能。这些技能经过了几万年的微调，能够起到激励、鼓舞和赋予能力的作用。”[6]

我和安德森、史密斯、巴菲特、理查德·布兰森以及本书提到的其他人一样，都认为沟通是一种可以学习的技能。鼓舞人心的演讲者不是天生的，而是后天练就的。沟通能力的教育能够也应该尽早开始。

亚历克莎·卡曾是个 12 岁的女孩，就读于佛罗里达州北棕榈滩的本杰明中学。这所学校的使命是让学生成为有合作精神、独立无畏的学习者。要做到无所畏惧，就需要克服对公开演讲的恐惧。

2017 年，本杰明中学获得了举办 TEDx 演讲的资格，TEDx 与全球 TED 大会有关，但属于独立组织的当地活动。亚历克莎是第一位演讲者。在 4 分钟的演讲中，她讲述了自己如何利用亚里士多德的修辞原则——理性诉求、人品诉求和情感诉求，说服父母做了一件美国所有孩子都想让父母做的事：买一只小狗。

“我父母可不想养小狗。”亚历克莎开始说道。[7]“那么，我怎么能养一只呢？修辞，就是说服观众的艺术。”她自信地说。

> 在理性诉求上，我用的是科学。我引用了令人信服的证据，例如：“妈妈，小狗在你有压力时能帮你降低血压。”“小狗有助于提高孩子的同理心、自尊心和参加社交活动的热情。”
>
> 在人品诉求上，我用的是道德标准。我告诉他们养只小狗会让我们成为善良和高尚的人。每年有 270 万只动物被处死，我们可以挽救一条狗的性命。
>
> 最后，我用上了情感诉求。这时，我需要妹妹的协助。她拿了一只类似黄金贵宾犬的毛绒玩具走进来，给了我妈妈一个她无法抗拒的表情。她看着妈妈的眼睛，噘着小嘴说：“妈妈，你能给我买一只黄金贵宾犬吗？”
>
> 我就是这样得到我的黄金贵宾犬“塔克”的。

小狗塔克随后也上了台，和亚历克莎站在一起。亚历克莎结束了她的演讲，她展现出的成熟并不像一个 12 岁的小女孩。亚历克莎说：“说服是一门每个人都应该尝试和掌握的艺术，它值得我们学习。”

它值得我们学习。当你过上自己想象的生活时，当你在职业生涯和这个世界上留下印记时，当你创办了一家公司，开发了一款产品，卖出了一种服务或是管理着一个让人们的生活更美好、更有意义的非营利组织时，你会发现它是值得的。最重要的是，当你激励别人追寻更远大的梦想、开启奇妙的冒险时，它是值得的。

致　谢

我要感谢让本书得以顺利出版的胜利之队。我的妻子瓦妮莎在我写这本书时提供了宝贵的支持、反馈和编辑意见。我曾在一部电影中听到过一句话，让我想起了我和妻子的生活：“像我们这样的爱情一辈子只有一次。”

圣马丁出版社的总编辑蒂姆·巴特利特补充了很多非凡的见解，让我的想法更清晰有力。助理编辑艾丽斯·普法伊费尔和执行总编艾伦·布拉德肖保证了本书的出版进度。我也非常感谢劳拉·克拉克、乔治·威特和萨利·理查森的支持和热情。

我要感谢生命中鼓励我追寻远大梦想的人，包括我那杰出的文学经纪人和朋友罗杰·威廉姆斯，还有我在安全评估专业机构 BrightSight 集团热情的演讲代理人汤姆·尼尔森和莱斯·图尔克。先生们，谢谢你们的智慧和指导。

我还要感谢我的亲朋好友，从他们那里我得到了很多灵感。感谢卡罗琳·基尔默在加洛沟通集团所展现出的奉献精神和专业精神。我的侄子弗朗切斯科和尼克让我了解了他们那一代人所面临的沟通挑战。我的弟弟蒂诺和弟妹唐娜也贡献了他们的智慧。感谢岳父肯和岳母帕蒂养育了瓦妮莎这个成为我妻子的美妙女人，还要感谢我们的两个女儿约瑟芬和莱拉，她们是卓越的沟通者。最后，要感谢我的母亲朱塞平娜和我已故的父亲弗朗切斯科：离开心爱的家，给儿子一个成长的机会，这需要非凡的勇气。

|注　释|

序言　起来!

1. Lin-Manuel Miranda and Jeremy McCarter, *Hamilton: The Revolution* (New York: Grand Central Publishing, 2016), 16.
2. Thomas L. Friedman, "Average Is Over," *The New York Times*,January 24, 2012, http://www.nytimes.com/2012/01/25/opinion/friedman-average-is-over.html?mcubz=0(accessed July 17, 2017).
3. Tyler Cowen, *Average Is Over: Powering America Past the Age of the Great Stagnation*(New York: Dutton, 2013), 5.
4. Anthony Goldbloom, founder and CEO of Kaggle, in discussion with the author, August 18,2016.
5. Ibid.
6. Ibid.
7. Noriko Arai, "Can a Robot Pass a University Entrance Exam?" TED.com, April 2017, https://www.ted.com/talks/noriko_arai_can_a_robot_pass_a_university_entrance_exam(accessedOctober 2,2017).
8. Carl Benedikt Frey and Michael A. Osborne, "TheFuture of Employment: How Susceptible Are Jobs to Computerisation?" Oxford Martin, University of Oxford, September17,2013,http://www.oxfordmartin.ox.ac.uk/downloads/academic/The_Future_of_Employment.pdf(accessedJuly 11,2017).
9. "How AIWill Change Every thing," *The Wall Street Journal*,March6, 2017, https://www.wsj.com/articles/how-artificial-intelligence-will-change-everything-1488856320(accessed July 18, 2017).
10. Neil Jacobstein, chair of artificial intelligence and robotics at Singularity University, in discussion with the author, March 17, 2017.
11. Kate Davidson, "Employers Find 'Soft Skills' Like Critical Thinking in Short Supply," *The Wall Street Journal*,August 30,2016,http://www.wsj.com/articles/employers-find-soft-skills-like-critical-thinking-in-short-supply-1472549400(accessedJuly 11,2017).
12. Ibid.

13. Burning Glass Technologies, “TheHumanFactor: The Hard Time Employers Have FindingSoftSkills,” Burning-glass.com,November 2015,http://burning-glass.com/wp-content/uploads/Human_Factor_Baseline_Skills_FINAL.pdf(accessed July 11, 2017).
14. Hay Group, “Today’s Graduates: Worth Their Weight in Gold?” Haygroup.com, http://www.haygroup.com/~/media/files/resources/documents/worth_their_weight_in_gold_final.ashx(accessedJuly 11,2017).
15. Anthony Goldbloom, founder and CEO of Kaggle, in discussion with the author,August 18,2016.
16. Investors Archive, “Bill Gates and Warren Buffett: Student Q&A 2017,” Youtube.com, March23,2017,https://www.youtube.com/watch?v=1CCcheNC1sw(accessed July 18, 2017).
17. Alex Crippen, “Warren Buffett’s $100,000 Offer and $500,000 Advice for Columbia BusinessSchoolStudents,” CNBC,November 12,2009,http://www.cnbc.com/id/33891448(accessed July 18, 2017).
18. AdamGrant, *Originals: How NonConformists Move the World*(New York: Penguin Books, 2016), 69.

❶ 诗歌、力量、登月计划

1. Ron Chernow, Alexander Hamilton(New York: Penguin Group, 2004), 56.
2. Ibid., 4.
3. Andrew M. Carton, “I’m Not Mopping the Floor— I’m Putting a Man on the Moon: How NASA Leaders Enhanced the Meaningfulness of Work by Changing theMeaning of Work,” The Wharton School, University of Pennsylvania, paper to be published in *Administrative Science Quarterly*, provided to author in April 2017.
4. Ibid.
5. Bill Gates, “Accelerating Innovation With Leadership,” Gatesnotes, October 6, 2016, https://www.gatesnotes.com/About-Bill-Gates/Accelerating-Innovation?WT.mc_id=10_06_2016_06_AcceleratingInnovation_BG-LI_&WT.tsrc=BGLI(accessed April 4, 2017).
6. Eli Harari, co-founder of SanDisk, in discussion with the author during author’s time working with SanDisk in 2008.

❷ 好思想需要好的表达

1. Cade Metz, “Inside Liberatus, the Poker AI That Out-Bluffed the BestHumans,” Wired.com,February 1,2017,https://www.wired.com/2017/02/libratus/(accessed July 10, 2017).

2. Haseeb Qureshi, software engineer at Airbnb, in discussion with the author,September 22, 2016.
3. Phys.org, “New Research Finds CEOs Who Appear on CNBC Can See Their Pay Rise Over $200,000 Per Year,” Home, Other Sciences, Economics and Business, June 12, 2017,https://phys.org/news/2017-06-ceos-cnbc-year.html(accessedJuly18, 2017).
4. Andrew Grove, *Only the Paranoid Survive: How to Exploit the Crisis Points That ChallengeEveryCompany*(New York: Doubleday, 1999), 4.
5. Matt Ridley, *The Rational Optimist*(New York: HarperCollins, 2010).
6. Deirdre McCloskey, *Bourgeois Equality: How Ideas, Not Capital or Institutions, Enriched the World*(Chicago: University of Chicago Press, 2016), 21.
7. Ian Goldin and Chris Kutarna, *Age of Discovery: Navigating the Risks and Rewards of Our New Renaissance*(New York: St. Martin’ s Press, 2016), 139.
8. Johan Norberg, Swedish historian and author, in discussion with the author, January 10, 2017.
9. Goldin and Kutarna, *Age of Discovery*, 88.
10. Norberg, discussion with the author.
11. Peter H. Diamandis and Steven Kotler, *Abundance: TheFuture Is Better Than You Think*(New York:Free Press, 2014), x.
12. McCloskey, *Bourgeois Equality*, 106–110.
13. Ibid.,492.
14. Gerry Antioch, “Persuasion Is Now 30 Per Cent of US GDP,” Australian government, *Economic Roundup*, Issue1,2013,https://treasury.gov.au/publication/economic-roundup-issue-1-2013/economic-roundup-issue-1-2013/persuasion-is-now-30-per-cent-of-us-gdp/(accessedNovember 20,2017).
15. McCloskey, *Bourgeois Equality*, 490.

❸ 亚里士多德：说服的逻辑

1. Avinash Kaushik, digital marketing evangelist at Google, in discussion with the author, September 9, 2016.
2. Chris Dixon, “How Aristotle Created the Computer: The Philosophers He Influenced Set the Stage for the Technological Revolution That Remade Our World,” *The Atlantic*,March20,2017,https://www.theatlantic.com/technology/archive/2017/03/aristotle-computer/518697/(accessedJuly 11,2017).
3. Scott F. Crider, *Aristotle's Rhetoric for Every body*(Kindle edition only: The Arts of Liberty Project, 2014), pagination changes depending on font size set by individual Kindle users.
4. Ibid.
5. John J. Medina, “Why Emotional Memories Are Unforgettable,” *Psychiatric Tim*

es,MoleculesoftheMind,May2008,http://www.brainrules.net/pdf/JohnMedina_PsychTimes_May08.pdf(accessedJuly 11, 2017)
6. Ibid.
7. Rohan Ayyar, "Why a Good Story Is the Most ImportantThing You' ll Ever Sell," *FastCompany*, October 24,2014,https://www.fastcompany.com/3037539/why-a-good-story-is-the-most-important-thing-youll-ever-sell(accessedJuly 18,2017).
8. Megan Beck and Barry Libert, "The Rise of AI Makes Emotional Intelligence More Important," *Harvard Business Review*,February 15,2017,https://hbr.org/2017/02/the-rise-of-ai-makes-emotional-intelligence-more-important(accessedJuly 12, 2017).

❹ 如何把公司愿景讲成故事

1. Big Jocko Willink and Leif Babin, *Extreme Owner ship: HowU.S. Navy SEALs Lead and Win*(New York: St. Martin' s Press, 2015), 12.
2. Ibid., 34.
3. Ibid., 45.
4. Ibid., 49.
5. Geoff Ralston, founder and partner of Imagine K12, in discussion with the author, March 23, 2017.
6. Sam Altman, "2017 YC Annual Letter," Sam Altman blog, http://blog.samaltman.com/2017-yc-annual-letter(accessedJuly 11,2017).
7. Ibid.
8. Carmine Gallo, "The Apple Store' s New Redesign Celebrates Steve Jobs' Legacy," *Forbes*, April26,2017,https://www.forbes.com/sites/carminegallo/2017/04/26/the-apple-stores-new-redesign-celebrates-steve-jobs-legacy/#7849c10f67f9.
9. CBS News, "Angela Ahrendts Talks Apple Store Make over, Why Tim Cook Hired Her," *CBS This Morning*, April 25,2017,http://www.cbsnews.com/news/angela-ahrendts-apple-svp-of-retail-redesign-today-at-apple/(accessedJuly 11,2017).
10. Ibid.
11. Ibid.
12. Ibid.
13. HCAHPSonline, "HCAHPSSurvey," http://www.hcahpsonline.org/Files/V4%200%20Appendix%20A%20-%20HCAHPS%20Mail%20Survey%20Materials%20%28English%29.pdf (accessed July 18, 2017).
14. HaleeFischer-Wright, *Back to Balance: The Art, Science, and Business of Medicine*(New York: Disruption Books, 2017), 12.
15. Adrienne Boissy and Timothy Gilligan, *Communication the Cleveland Clinic Way:*

How to Drive a Relationship Centered Strategy for Exceptional Patient Experience(New York: McGraw-Hill Education, 2016), xiii.
16. Cleveland Clinic, “Empathy: TheHuman Connection to Patient Care,” Youtube.com, February 21,2013,https://www.youtube.com/watch?v=cDDWvj_q-o8(accessed July 18, 2017).
17. Teresa Keller, director of training and development, Kiawah Island Golf Resort, in discussion with the author, September 7, 2016.
18. Garry Kasparov, “Don’ t Fear Intelligent Machines. Work With Them,” TED.com, April 2017,http://www.bostonmagazine.com/news/blog/2016/05/12/lola-travel-app/ (accessed July 11, 2017).

❺ 向科学家学习沟通的艺术

1. Neil deGrasse Tyson, American astrophysicist, in e-mail exchange with the author, March 20, 2017.
2. Neil deGrasse Tyson, *Astrophysics forPeople in a Hurry*(New York: W. W. Norton & Company, Inc., 2017), 1.
3. Ibid, 121.
4. Ibid., 122.
5. Ibid., 190.
6. deGrasse Tyson, e-mail exchange with the author.
7. Ibid.
8. deGrasse Tyson, *Astrophysics forPeople in a Hurry*,192.
9. CBS, *The Late Show with Stephen Colbert*,March 15, 2017, viewed by author live.
10. deGrasse Tyson, e-mail exchange with the author.
11. Ann Roemer, manager for astronaut selection program, NASA, in discussion with the author, August 26, 2016.
12. Ibid.
13. NASA, “NASA Astronaut Talks With Cancer Patients About Cancer Research on the International Space Station,” Youtube.com, September 16, 2016, https://www.youtube.com/watch?v=gEUrPrDUMK0 (accessed July 11, 2017).
14. NASA, “Astronauts Talk About Research in the ISS,” Youtube.com, July 13, 2016, https://www.youtube.com/watch?v=nNsaQPy4bBY(accessed July 11, 2017).
15. Angry Birds, “Angry Birds Space: NASA Announcement,” Youtube.com, March 8, 2012,https://www.youtube.com/watch?v=lxl1L1RiSJQ(accessed July11, 2017); Roemer, discussion with the author.
16. NASA Jet Propulsion Laboratory, “NASA TRAPPIST-1 News,” Youtube.com, February22,2017),https://www.youtube.com/watch?v=cURfn6FH1Hs (accessed July 18, 2017).

17. Ibid.
18. Anders Sahlman, founder of Researchers' Grand Prix, in discussion with the author, January 18, 2017.
19. Ibid.
20. Steven Sloman and Philip Fernbach, *The Knowledge Illusion: Why We Never Think Alone*(New York: Riverhead Books, 2017), 108.
21. Neil Jacobstein, chair of artificial intelligence and robotics at Singularity University, in discussion with the author, March 17, 2017.
22. Ibid.
23. Ibid.
24. Ibid.
25. Ibid.

❻ 创业者的沟通课

1. Scott Hartley, *The Fuzzy and the Techie: Why the Liberal Arts Will Rule the Digital World* (New York: Houghton Mifflin Harcourt, 2017), 1.
2. Scott Hartley, author of *The Fuzzy and the Techie*, in discussion with the author, June 29, 2017.
3. Rajaie Batniji, co– founder and chief health officer of Collective Health, in discussion with the author, July 6, 2017.
4. Sarah Kliff, "Do You Understand Health Insurance? Most People Don't," *The Washington Post*, Wonkblog, August 8, 2013, https://www.washingtonpost.com/news/wonk/wp/2013/08/08/do–you–understand–health–insurance–most–people–dont/?utm_term=.88b38c920d94(accessed July 10, 2017).
5. Collective Health, "Your 2017 Health Benefits" pamphlet, given to author in July 2017.
6. Batniji, discussion with the author.
7. David Pakman, partner in Venrock, in discussion with the author, June 22, 2017.
8. John Patrick Pullen, "How a Dollar Shave Club's Ad Went Viral," Entrepreneur.com, October 13, 2012, https://www.entrepreneur.com/article/224282(accessed July 10, 2017).
9. Pakman, discussion with the author.
10. Ibid.
11. Ibid.
12. "The Top 20 Venture Capitalists Worldwide," *The New York Times*, March 27, 2017.
13. "In Defense of the Deck," Above the Crowd.com, July 7, 2015, http://abovethecrowd.com/2015/07/07/in–defense–of–the–deck/(accessed July 18, 2017).

14. Carmine Gallo, "7 Top VCs Say These Communication Skills Will Set You Apart," Forbes.com, March 28, 2017, https://www.forbes.com/sites/carminegallo/2017/03/28/7-top-vcs-say-these-communication-skills-will-set-you-apart/#6847266a65df(accessed November 20, 2017).
15. Ibid.
16. Ibid.
17. Ibid.
18. Sir Michael Jonathan Moritz, KBE, venture capitalist with Sequoia Capital, in discussion with the author, October 23, 2015.
19. Carmine Gallo, "7 Top VCs Say These Communication Skills Will Set You Apart."
20. Ibid.
21. Molly Rubin, "Full Transcript: Tim Cook Delivers MIT' s 2017 Commencement Speech," Quartz.com, https://qz.com/1002570/watch-live-apple-ceo-tim-cook-delivers-mits-2017-commencement-speech/ (accessed July 12, 2017).
22. Richard Branson, "Storytelling: What Does It Take to Master the Art?" Virgin.com, March 1, 2017, https://www.virgin.com/richard-branson/dream-0 (accessed July 12, 2017).
23. Richard Branson, "5 Skills and Abilities That Successful Entrepreneurs Share," Virgin.com, January 30, 2017, https://www.virgin.com/richard-branson/5-skills-and-abilities-successful-entrepreneurs-share(accessed July 12, 2017).
24. Caline Malek, "UAE Needs Generations of Engineers and Scientists," The National, March 8, 2017, https://www.thenational.ae/uae/education/uae-needs-generations-of-engineers-and-scientists-to-secure-post-oil-future-sheikh-mohammed-bin-zayed-tells-students-1.70436(accessed November 20, 2017).
25. Bill J. Bonnstetter, "New Research: The Skills That Make an Entrepreneur," *Harvard Business Review*, December 7, 2012, https://hbr.org/2012/12/new-research-the-skills-that-m(accessed July 12, 2017).
26. Thomas L. Friedman, *Thank You for Being Late: An Optimist's Guide to Thriving in the Age of Accelerations*(New York: Farrar Straus and Giroux, 2016), 87.

❼ 向专业人士学习沟通的艺术

1. Sharon is an assigned name to maintain confidentiality, executive at Fortune 100 company, in discussion with the author.
2. Adam Grant, *Originals: How NonConformists Move the World*(New York: Penguin Books, 2016), 3.
3. Gregory Berns, *Iconoclast: A Neuroscientist Reveals How to Think Different*(Boston:

Harvard Business School Publishing Corporation, 2008), cover.
4. Matthew is an assigned name to maintain confidentiality, civil engineer, in discussion with the author.
5. E-mail exchange with author, September 21, 2017.
6. Thomas L. Friedman, *Thank You for Being Late: An Optimist's Guide to Thriving in the Age of Accelerations*(New York: Farrar Straus and Giroux, 2016), 87.
7. Ibid., 211.
8. The Association of American Colleges and Universities by Hart Research Associates, "It Takes More Than a Major: Employer Priorities for College Learning & Student Success," April10,2013,https://www.aacu.org/sites/default/files/files/LEAP/2013_EmployerSurvey.pdf(accessedJuly 13,2017).
9. Susan Vitale, chief marketing officer for iCIMS, in discussion with the author, April 28, 2017.
10. Craig is an assigned name to maintain confidentiality, in discussion with the author.
11. Anna Hensel, "The 1 Incredibly Detailed Job Interview Question Elon Musk Always Asks," Inc.com,February14,2017,https://www.inc.com/anna-hensel/the-1-incredibly-detailed-job-interview-question-elon-musk-always-asks.html(accessedJuly 13, 2017).
12. James F. Peltz, "Headhunter James Citrin Tells Millennials How to Land Jobs and Keep Them," Los Angeles Times,June 11,2015,http://www.latimes.com/business/la-fi-qa-citrin-20150611-story.html(accessedJuly 13,2017).
13. Slide Heroes, "The Advanced Guide to McKinsey- Style Business Presentations," Slideheroes.com,https://www.slideheroes.com/advanced-guide-to-writing-mckinsey-style-presentations/(accessed July 13, 2017).
14. ShuHattori, *The McKinsey Edge: Success Princi ples From the World's Most Powerful Consulting Firm*(New York: McGraw-Hill Education, 2015), 66.
15. Claire is an assigned name to maintain confidentiality, a financial services professional, in discussion with the author.
16. Mike is an assigned name to maintain confidentiality, a corporate sales professional, in discussion with the author.
17. David J. Deming, "The Growing Importance of Social Skills in theLabor Market," May 24, 2017,file:///C:/Users/Vanessa%20Gallo/AppData/Local/Microsoft/Windows/INetCache/Content.Outlook/03CQ1ZRH/David%20Deming_Skills LaborMarket.pdf(accessed July 18, 2017).
18. David Deming, professor in the Harvard Graduate School of Education and a faculty research fellow at the National Bureau of Economic Research, in discussion with the author, June 14, 2016.
19. Harvard Extension School, "10 Soft SkillsEvery IT Professional Should Develop," https://www.extension.harvard.edu/inside-extension/10-soft-skills-every-it-professional-should-develop(accessedNovember 20,2017).
20. Ibid.

21. Burning Glass Technologies, “TheHumanFactor: The Hard Time Employers Have FindingSoftSkills,” Burning-glass.com,2015,http://burning-glass.com/wp-content/uploads/Human_Factor_Baseline_Skills_FINAL.pdf(accessedJuly13, 2017).
22. “Andy Bryant Says CIOs Need Better Communication Skills: The Intel Chairman Offers Advice on How to Deal With Boards and Fellow Executives,” *The Wall Street Journal*, February10,2016,https://www.wsj.com/articles/andy-bryant-says-cios-need-better-communications-skills-1455083007(accessedJuly 13,2017).
23. Sir Michael Jonathan Moritz, KBE, venture capitalist with Sequoia Capital, in discussion with the author, October 23, 2015.

❽ 向领导者学习沟通的艺术

1. Sundar Pichai, “ ‘AI First’ Google I/O 2017, All About Artificial Intelligence KeynotesFullPresentation,” Youtube.com,May2,2017,https://www.youtube.com/watch?v=Y2VF8tmLFHw(accessed July 18, 2017).
2. Brain Rules, “The Brain Cannot Multitask,” Brain Rules blog, March 16, 2008, http://brainrules.blogspot.com/2008/03/brain-cannot-multitask_16.html(accessed July 18, 2017).
3. Nancy Duarte, “Do Your Slides Pass the Glance Test?” Harvard Business Review, October22,2012,https://hbr.org/2012/10/do-your-slides-pass-the-glance-test (accessed July 18, 2017).
4. Chris Anderson, *TED Talks: The Official TED Guide to Public Speaking*(New York: Houghton Mifflin Harcourt, 2017), 117.
5. “The Science of Storytelling: Prasad Setty, GooglePeople Analytics,” Youtube.com, May24,2016,https://www.youtube.com/watch?v=ncTXE7iLUnw (accessed July 18, 2017).
6. Ibid.
7. Julia Rozovsky, “The Five Keys to a Successful Google Team,” re:work.com, The WaterCoolerblog,November 17,2015,https://rework.withgoogle.com/blog/five-keys-to-a-successful-google-team/(accessedJuly 18,2017).
8. Charles Duhigg, “What Google Learned From Its Quest to Build the Perfect Team,” *The New York Times Magazine*,February25,2016,https://www.nytimes.com/2016/02/28/magazine/what-google-learned-from-its-quest-to-build-the-perfect-team.html?mcubz=0(accessed July 18, 2017).
9. David Feinberg, president and CEO for Geisinger Health, in discussion with the author, September 16, 2016 .
10. David Feinberg, “One Patient at a Time,” YouTube.com, August 2, 2011, https://www.youtube.com/watch?v=cZ5u7p-ZNuE(accessed on November 20, 2017).

11. Scott Simmons and Christie Fraser, "Why HospitalsDon' t DeliverGreat Service," Gallup.com,*BusinessJournal*,August 21,2012,http://www.gallup.com/businessjournal/156701/why-hospitals-don-deliver-great-service.aspx(accessedJuly18, 2017).
12. David Rock, "Managing With the Brain in Mind," Strategy+Business.com,Organizations&People,August27,2009,https://www.strategy-business.com/article/09306?gko=5df7f(accessed July 18, 2017).
13. CME Group survey answers provided to author during a visit in May 2016.
14. Rock, "Managing With the Brain in Mind."
15. Gino Blefari, CEO for HSF Affiliates, in discussion with the author, March3, 2017.
16. Matthew D.Lieberman, *Social: Why Our Brains Are Wired to Connect*(Oxford, United Kingdom: Oxford University Press, 2014), 259.
17. PepsiCo, " 'Following Your Dreams' With Indra Nooyi," Youtube.com, August 31, 2011,https://www.youtube.com/watch?v=WG9lUKhSMf0(accessed July18, 2017).
18. Narrative: The Business of Stories, "Change Storytelling by Indra Nooyi," Youtube.com,March 3,2017,https://www.youtube.com/watch?v=DsABAnlLwj0(accessed July 18, 2017).
19. Ibid.
20. Maria Popova, "David Foster Wallace on Leadership," Brain Pickings.org, February17,2014,https://www.brainpickings.org/2014/02/17/dfw-leadership-debbie-millman/ (accessed July 18, 2017).

❾ TED 演讲明星的沟通技巧

1. Richard Turere, "My Invention That Made Peace With Lions," TED.com, February2013,https://www.ted.com/talks/richard_turere_a_peace_treaty_with_the_lions (accessed October 2, 2017).
2. Chris Anderson, *TED Talks: The Official TED Guide to Public Speaking*(New York: Houghton Mifflin Harcourt, 2017), xiv.
3. Turere, "My Invention That Made Peace With Lions."
4. Shah Rukh Kahn, "Thoughts on Humanity, Fame and Love," TED.com, April 2017, https://www.ted.com/talks/shah_rukh_khan_thoughts_on_humanity_fame_and_love/transcript?language=en(accessed July 14, 2017).
5. Sir Ken Robinson, "Ken Robinson Says Schools Kill Creativity," TED.com, June 2006, http://www.ted.com/talks/ken_robinson_says_schools_kill_creativity.html?qsha=1&utm_expid=166907-20&utm_referrer=http%3A%2F%2Fwww.ted.com%2Fsearch%3Fcat%3Dss_all%26q%3Dken%2Brobinson(accessedJuly 14,2017).
6. Anderson, TED Talks, 60.

7. Shonda Rhimes, "My Year of Saying Yes to Every thing," TED.com, February 2016, https://www.ted.com/talks/shonda_rhimes_my_year_of_saying_yes_to_everything(accessed July 14, 2017).
8. Anderson, *TED Talks*, 30.
9. Pope Francis, "Why the OnlyFuture Worth Building Includes Every one," TED. com,April 2017,https://www.ted.com/talks/pope_francis_why_the_only_future_worth_building_includes_everyone(accessedJuly 14,2017).
10. RobertBallard, *Titanic*explorer, in discussion with the author, February 18, 2013.

⑩ 情感原则

1. Phil Knight, *Shoe Dog: A Memoir by the Creator of Nike*(New York: Scribner, 2016), pagination changes depending on font size set by individual Kindle users.
2. Eric Ransdell, "The Nike Story?: Just Tell it!" Fastcompany.com, December 31, 1999, https://www.fastcompany.com/38979/nike-story-just-tell-it(accessedJuly 14,2017).
3. Ibid.
4. Knight, *Shoe Dog*.
5. Alan Alda, *If I Understood You, Would I Have This Look on My Face?: My Adventures in the Art and Science of Relating and Communicating*(New York: Random House, 2017), xvii.
6. Ibid., introduction.
7. Ibid., 158.
8. Uri Hasson, "This Is Your Brain on Communication," TED.com, February 2016, https://www.ted.com/talks/uri_hasson_this_is_your_brain_on_communication?language=en(accessed July 19, 2017).
9. Duncan Clark, "How Self-Made Billionaire Jack Ma Used Charisma and Masterful Speaking Skills to Build the Alibaba Empire," Business Insider, April 14, 2016, http://www.businessinsider.com/the-billionaire-founder-of-alibaba-has-been-giving-a-similar-speech-for-17-years-heres-how-he-always-engages-his-audience-2016-4(accessedOctober 2,2017).
10. Ibid.
11. Ibid.
12. La Logiciel, "Today Is Hard, TomorrowWill Be Worse," Youtube.com, April 17, 2016, https://www.youtube.com/watch?v=kL41UMHBZpQ(accessed October 2, 2017).
13. Phil Wall, founder of WeSeeHope, in discussion with the author, May 18, 2016.
14. Ethan is an assigned name to maintain confidentiality, in discussion with the author.
15. Bruce N. Pfau, "How an Accounting Firm Convinced Its Employees They

Could Change the World," *Harvard Business Review*,October 6,2015,https://hbr.org/2015/10/how-an-accounting-firm-convinced-its-employees-they-could-change-the-world (accessed on November 20, 2017).
16. Ibid.
17. Dwight Clark, San Francisco 49ers football legend, in discussion with the author, November 21,2016.
18. David Aaker and Jennifer Aaker, "What Are Your Signature Stories?" *California Management Review*, Spring 2016, vol. 58, no. 3, http://cmr.berkeley.edu/browse/articles/58_3/5818/ (accessed November 20, 2017).
19. Ibid.

⓫ 三幕式故事结构

1. Brad Stone, *The Upstarts: How Uber, Airbnb, and the Killer Companies of the New Silicon Valley Are Changing the World*(New York: Hachette Book Group, 2017), 11.
2. Brad Stone, senior executive editor for technology at Bloomberg News, in discussion with the author, February 23, 2017.
3. Ibid.
4. Syd Field, Screenplay. *The Foundations of Screenwriting: A StepbyStep Guide From Concept to Finished Script*, revised edition (New York: Delta Trade Paperback, 2005), 3.
5. Ibid., 21.
6. Derek Thompson, *Hit Makers: The Science of Popularity in an Age of Distraction*(New York: Penguin Press, 2017), 109.
7. Bruce N. Pfau, "How an Accounting Firm Convinced Its Employees They Could Change the World," *Harvard Business Review*, October6,2015,https://hbr.org/2015/10/how-an-accounting-firm-convinced-its-employees-they-could-change-the-world(accessed July 19, 2017).
8. Stone, discussion with the author.
9. Airbnb, "Welcome to a World of Trips: Airbnb Open Los Angeles," Youtube.com, November17,2016,https://www.youtube.com/watch?v=efNyRmTLbjQ (accessed July 15, 2017).
10. Ibid.
11. Avery Hartmans, "This Is the One QualityEvery Startup Founder Needs," *Business Insider*,September25,2016,http://www.businessinsider.com/jeff-jordan-andreessen-horowitz-startup-founders-2016-9(accessedJuly 15,2017).
12. Jorge A. Burraza and Paul J. Zak, "EmpathyToward Strangers Triggers Oxytocin Release and Subsequent Generosity," Values, Empathy and Fairness Across Social Barriers, New York Academy of Sciences, vol. 1167 (2009): 182-189, http://www.neuroeconomicstudies.org/images/stories/

documents/empathy–towards–strangers.pdf(accessed July 15, 2017).
13. Ian Davis, David Keeling, Paul Schreier, and Ashley Williams, "The McKinsey Approach to Problem Solving," McKinsey Staff Paper, no. 66, July 2017, published on slideshare.net,October6,2016,https://www.slideshare.net/interviewcoach/the–mckinsey–approach–to–problem–solving–pdf(accessedJuly 19,2017).
14. JohnSeabrook, *The Song Machine: Inside the Hit Factory*(New York: W. W. Norton and Company, Inc., 2015), 12.
15. Thompson, *Hit Makers*, 6.
16. Science ofPeople, "The 10 Secrets to the Perfect Shark Tank Pitch," Scienceofpeople.com,2016,http://www.scienceofpeople.com/2016/09/the–10–secrets–to–the–perfect–shark–tank–pitch/(accessedJuly 15,2017).

⑫ 一语中的

1. Adam Alter, associate professor of marketing at New York University’s Stern School of Business, in discussion with the author, May 10, 2017.
2. Ibid.
3. Bryan Garner, *Winning Oral Argument: Enduring Principles With Supporting CommentsFromtheLiterature*, course book, 2d ed. (St. Paul, MN: Thomson/West, 2009), 40.
4. Geoff Ralston, founder and partner of Imagine K12, in discussion with the author, March 23, 2017.

⑬ 语言——越简单越有效

1. Ken Segal, *ThinkSimple: How Smart Leaders Defeat Complexity*(New York: Penguin Random House LLC, 2016), 1.
2. Daniel Kahneman, *Thinking, Fast and Slow*(New York: Farrar Straus and Giroux, 2011), 63.
3. Chris Kornelis, "Neil deGrasse Tyson on WhatEvery Child Should Know About Science," *The Wall Street Journal*,May 18,2017,https://www.wsj.com/articles/neil–degrasse–tyson–1495122652(accessedJuly 15,2017).
4. John Medina, *Brain Rules*(Seattle, WA: Pear Press, 2008), 106.

⑭ 如何让故事拥有说服力

1. HBO, *Becoming Warren Buffett*, Hbo.com,documentaries,2017,https://www.wsj.com/articles/neil–degrasse–tyson–1495122652(accessedJuly 15,2017).

2. John Pollack, *Shortcut: How Analogies Reveal Connections, Spark Innovations, and Sell Our Greatest Ideas*(New York: Avery, 2014), xv.
3. Jen Wieczner, “9 Best Warren Buffett Quotes From the Berkshire Hathaway Annual Meeting,” *Fortune*,May 18,2017,http://fortune.com/2017/05/08/warren-buffett-berkshire-hathaway-annual-meeting-quotes/ (accessedJuly 19,2017).
4. Ibid.
5. Ibid.
6. Sam Leith, “How to Do Folksy Like Warren Buffett,” *Financial Times*, April 28, 2014, https://www.ft.com/content/68afbbb8-ca14-11e3-ac0500144feabdc0?mhq5j=el (accessed July 19, 2017).
7. David Zax, “How Steve Jobs’ s Mastery of Analogies Sent Apple Skyrocketing,” Fast Company.com,October14,2014,https://www.fastcompany.com/3037014/my-creative-life/how-steve-jobss-mastery-of-analogies-sent-apple-sky-rocketing(accessed July 19, 2017).
8. “Douglas Hofstadter: Analogies Are the Core of Thinking,” Youtube.com, January 4, 2017,https://www.youtube.com/watch?v=vORB92BU7zk (accessed July 19, 2017).
9. Ibid.
10. Ibid.
11. Reid Hoffman, “LinkedIn’ s Series B Pitch to Greylock: Pitch Advice for Entrepreneurs,” reidhoffman.org,February9,2017,http://www.reidhoffman.org/485-business-and-entrepeneurship/2135-linkedin-s-series-b-pitch-to-greylock(accessed July 15, 2017).
12. Ibid.
13. Pope Francis, “Why the OnlyFuture Worth Building Includes Every one,” TED.com, April 2017,https://www.ted.com/talks/pope_francis_why_the_only_future_worth_building_includes_everyone(accessedJuly 14,2017).
14. Pope Francis, “Post-Synodal Apostolic Exhortation Amoris Laetitia of the Holy Father Francis to Bishops, Priests and Deacons, Consecrated Persons, Christian MarriedCouples and All the Lay Faithful on Love in theFamily,” downloadable pdf, https://www.youtube.com/watch?v=vORB92BU7zk (accessed July 19, 2017).
15. Carlton Reid, “How the Bicycle Beats Evolution and Why Steve Jobs Was So Taken WiththeFact,” bikebook.info,March14,2015,http://www.bikeboom.info/efficiency/(accessed July 17, 2017).

⑮ 达·芬奇、毕加索和你

1. Enrique Mallen, director of the online Picasso Project at Sam Houston State University, in discussion with the author, September 13, 2013.

2. Stanford University, "' You' ve Got to Find What You Love,' Jobs Says," Stanford Report, June 14, 2005, Steve Jobs commencement address, delivered on June 12, 2005,http://news-service.stanford.edu/news/2005/june15/jobs-061505.html(accessed April 11, 2013).
3. PBS, *Triumph of the Nerds: Starring Robert X. Cringely*,PBS.org, KQED, http://www.pbs.org/nerds/part3.html(accessedJuly 19,2017).
4. Natalie Walters, "Former Apple CEO John Sculley Shares the Most ImportantThing He Learned From Steve Jobs," *Business Insider*, January 12, 2016, http://www.businessinsider.com/john-sculley-shares-lesson-from-steve-jobs-2016-1 (accessed July 19, 2017).
5. Walter Isaacson, "The Lessons of Leonardo: How to Be a Creative Genius," *The Wall Street Journal*, September 29,2017,https://www.wsj.com/articles/the-lessons-of-leonardo-how-to-be-a-creative-genius-1506690180(accessedOctober 2,2017).
6. Peggy Noonan, " Music in the Key of Amer i ca," *The Wall Street Journal*,November 26, 2015,https://www.wsj.com/articles/music-in-the-key-of-america-1448575880.
7. *Score: A FilmMusic Documentary*, https://www.score-movie.com(accessed November 20, 2017).
8. James Stavridis, dean of Fletcher School of Law and Diplomacy, in discussion with the author, March 31, 2017.
9. Mario D. Garrett, "Brain Plasticity in Older Adults: Learning New Tricks in Older Age," *PsychologyToday*,April 27,2013,https://www.psychologytoday.com/blog/iage/201304/brain-plasticity-in-older-adults(accessedOctober 2,2017).
10. Ana Almendrala, "Lin-Manuel Miranda: It' s 'No Accident' Hamilton Came to Me on Vacation," HuffingtonPost,June 23,2016,http://www.huffingtonpost.com/entry/lin-manuel-miranda-says-its-no-accident-hamilton-inspiration-struck-on-vacation_us_576c136ee4b0b489bb0ca7c2(accessedJuly 17,2017).
11. GregoryBerns, *Iconoclast: A Neuroscientist Reveals How to Think Different*(Boston: Harvard Business School Publishing Corporation, 2008), 8.
12. Ibid,33.
13. Olivia Fox Cabane and Judah Pollack, *The Net and the Butterfly: The Art and Practice of Breakthrough Thinking*(New York: Penguin Random House LLC, 2017), 13.
14. Ibid.,28.

⓰ 克服恐惧

1. Gregory Berns, *Iconoclast: A Neuroscientist Reveals How to Think Differently* (Boston:

Harvard Business School Publishing Corporation, 2008), 78.
2. Kevin N. Ochsner, Silvia A. Bunge, James J. Gross, and John D. E. Gabrieli, “Rethinking Feelings: An fMRI Study of the Cognitive Regulation of Emotion,” Massachusetts Institute of Technology, *Journal of Cognitive Neuroscience14*, no. 8 (2002): 1215–1229, https://pdfs.semanticscholar.org/51a0/83a0702159cddc803ce7126d52297e94821b.pdf(accessed July 18, 2017).
3. Sian Beilock, *Choke: What the Secrets of the Brain Reveal About Getting It Right When You Have To*(New York:Free Press, 2010), 123.
4. Ibid., 249.
5. bid., 34.
6. Ibid.

结语　说服力就是影响力

1. Larry Smith, professor of economics, University of Waterloo, in discussion with the author, April 12, 2016.
2. Jo Malone, *Jo Malone: My Story*(New York: Simon and Schuster, 2016), 169.
3. Sir Michael Jonathan Moritz, KBE, venture capitalist with Sequoia Capital, in discussion with the author, October 23, 2015.
4. Smith, discussion with the author.
5. Lila MacLellan, “Alibaba Founder Jack Ma Says to Be a Successful Leader You Need EQ, IQ, and LQ,” *Quartz Media*, September 20, 2017, https://qz.com/1082709/alibabas-jack-ma-says-successful-leaders-need-eq-iq-and-lq-baba/ (accessed October 6, 2017).
6. Chris Anderson, *TED Talks: The Official TED Guide to Public Speaking*(New York: Houghton Mifflin Harcourt, 2017), xii.
7. TEDx Talks, “Aristotelian Rhetoric and Golden Doodles: Alexa Cousin,” 8. Youtube.com,April 19,2017,https://www.youtube.com/watch?v=MphqZ-phoGY(accessed July 18, 2017)